장영철의
경제直言

저 자 ┃ 장영철

도서출판 **위**

장영철의
경제直言

저자 서문

'요즈음 안녕하신지요?'

전에는 정겹게 들리던 이 말이 이제는 다른 의미로 와 닿고 있습니다. 마치 엄중한 현실에서 살아남아 있는 지를 확인하는 말처럼 들리기 때문입니다.

현 정부 들어 우리경제는 점점 더 안녕하지 못한 상태로 접어들고 있습니다. 일 머리를 모르고 편향된 이념에 사로잡혀 현실과 동떨어진 정책들이 남발되면서 시장의 순리를 거역하고 있기 때문입니다. 화려했던 봄날은 언제였는지 기억이 가물가물해지고, 이제는 엄동설한의 겨울왕국으로 들어 간 느낌입니다.

우리나라의 지난 경제발전에 대하여 세계는 '한강의 기적'이라고 놀라면서 부러워하였습니다. 그러던 나라가 주변의 환경 변화를 읽지 못하고 방향을 잃어버린 신세가 된 것은 아닌가 걱정하는 사람이 부쩍 늘어나고 있습니다. 경제는 현실임에도 변화되고 있는 경제의 현실을 바로 이해하기 보다는 이념이라는 색안경으로 바라보면서 당위성만 강조하다 보니 골든타임을 놓치고 있다고 보는 것입니다.

경제는 항상 순환하고 있습니다. 좋을 때도 있고 나쁠 때도 있습니다. 때때로 태풍처럼 위기를 몰고 오기도 합니다. 이러한 변화의 흐름을 냉정하게 지켜보면서 이에 맞게 냉정하게 대처하는 것이 무엇보다도 중요합니다.

공직에서 우리나라의 경제현실을 오랜 기간 지켜보고, 한국자산관리공사의 사장으로서 우리나라의 경제위기를 수습해 나가는데 작으나마 역할을 수행한 저로서는 최근 한국경제가 위치를 제대로 잡지 못하여 우리 국민들은 어디로 가는지도 모르는 상황에 휘말린 것은 아닌 지 걱정스럽습니다.

대한민국 경제가 올바르게 가려면 국민들이 실상을 제대로 깨닫는 것이 중요합니다. 위기에 빠지기 전에 경고신호를 보내는 역할이 중요해지고 있습니다. 그리고, 과거의 경제 위기 경험을 기초로 혹시 다가올지 모르는 위험에 대비하는 안목도 필요할 것입니다.

이 책의 제목을 '장영철의 경제직언(直言)'으로 정한 것은 경제가 난기류에서 빠져나오려면, 현실을 있는 그대로 이야기 하여야 한다고 생각하였기 때문입니다. 현실을 바로 알게 되어야 새로운 방향을 잡을 수 있다고 믿기 때문입니다. 여러 신문에 기고한 칼럼과 인터뷰, 강의 등에서 시장경제의 진정한 가치를 살리도록 나름대로 대안을 이야기 한 내용들을 정리하였습니다. 아무쪼록 방향을 잃고 헤매는 우리 경제에 조금이나마 기여가 되었으면 하는 마음이 간절합니다.

감사합니다.

2020년 1월 9일
장 영 철

'장영철의 경제直言' 출간을 환영하면서

저 박찬종의 대학 후배이자 동지라고까지 부르는 장영철 숭실대 초빙교수가 그동안 언론 등에 틈틈이 써온 우리나라 경제에 관한 直言들을 모아 저서를 출간하게 된 것을 매우 기쁘게 생각하고 환영합니다.

장영철 교수는 우리나라의 경제를 총괄하고 있는 기획재정부에서 재정 및 금융 분야 등의 다양한 경력을 쌓았고, 경제위기를 수습하는 역할을 잘 수행한 한국자산관리공사의 사장을 역임한 인물로서 정책수립뿐만 아니라 이를 집행하는 실무까지도 능통한 경제전문가라고 생각합니다.

어느 사회이든 어느 조직이든 직언을 한다는 것은 매우 어려운 일입니다. 사실을 제대로 파악하는 것도 무척 어렵지만 사실을 사실대로 말하는 것은 더욱 어려운 일이기 때문입니다. 이 칼럼집에는 여러 예화를 들면서 독자로 하여금 되새기게끔 하는 직언이 많이 수록되어 있습니다. 경제가 성공하고 있다는 대통령의 말에 그게 아니라고 진

실을 말하고 싶은 백성의 심정을 묘사한 「길어도 좋은 임금님 귀」, 현 정부의 사회주의 행태를 조지 오웰의 소설 1984년에 빗댄 「조지 오웰이 그린 '한번도 가보지 않은 나라'」 등에서는 저자의 현실에 대한 수준 높은 통찰력과 예리한 직언을 보여주고 있습니다.

편 가르기가 극심한 우리 사회를 치유하는 가장 좋은 방법은 상대편이 잘한 것은 잘 했다고 칭찬하고, 자기편이 잘못한 것은 올바르게 고치자고 직언하는 용기라고 생각합니다. 상대방을 배려하면서 수준 높게 직언을 하는 장영철 교수 같은 사람이 많아질 때 우리 사회는 한 단계 더 높은 수준으로 도약할 것으로 믿어 의심치 않는 바입니다.

장영철 교수의 건승을 기원합니다.

2020년 1월 9일

변호사 박찬종

대학 동창 격려사 – 한돌 신윤수

친구 우거지(友巨志) 참 맛있네

우거지 장맛이라는 말이 있다.

밥상에 놓인 시래기 우거지 말고 '우리의 영원한 우정'인 우거지(友巨志) 말이다. 우리는 늘 뜻이 큰 친구들이었고 지금도 그렇다. 미리 말씀드리지만 우리 우거지로 장을 끓이면 정말 맛이 기똥차다는 것이다.

우리는 열심히 참 삼삼하게 살았다. 우거지에는 경영학이라는 전공 그대로 일찍부터 사업하는 사람, 증권사 사장을 몇 번씩 해먹는 사람, 부동산 사업가, 대학 선생, 장관·국회의원을 하는 사람도 있고, 홍콩의 밤을 사랑해서 아직도 거기 머무는 사람, 하늘나라 선발대로 가서 우리 오는 날을 기다리는 사람도 있다.

벌써 40년도 더 지난 1977년 때였다. 서울대 사회계열에 입학해서 그때 우스개지만 행사 때마다 부르는 공식 교가(?)이었던 '노나 공부하나 마찬가지다'에 적극 동조해서 경영학과를 택한 출신 배경이

제각각인 동기생 10명이 있었다. 모임 이름을 '우거지'로 하자고 했다. 우거지는 아시다시피 김장을 담글 때 배추 겉에 있는 좀 시든 잎이나 무 잎을 말려두었다가 겨울에 국이나 장에 넣어 끓여 먹는 것이다. 그때 우거지로 이름 지은 것은 대학에 들어오는 데까지 시간이 걸렸고, 앞으로도 각자의 삶이 다시 그럴지 모르지만 모두 세상에서 꼭 필요한 우거지 같은 인물이 되자는 뜻이었던 것 같다. 우거지(友巨志)는 '큰 뜻을 가진 친구'라는 뜻이니까! 그때 서울대 경영학과에는 야구부가 있었다. 이 팀은 서울대나 대학 밖에서 다른 팀과 붙어 거의 이긴 적이 없는(?) 팀인데, 이 모임 이름이 '신사(紳士) 구락부'였다. 그래서 당시 서울대 경영학과에는 '신사' 와 '거지'가 같이 살고 있다는 우스개가 돌아다녔다.

이렇게 시작한 우거지 모임이 1977년에 시작해서 42년이 지났다. 지금도 우리 큰 뜻은 계속되고 있다. 1980년 같은 해에 동시에 우거지 멤버 중 3명이 행정고시에 합격하여 공무원을 시작하였다. 같은 부처에 배치되어 오랫동안 근무했다. 3명이 같은 부서에 있은 적은 없지만, 2명이 같은 부서에 근무한 경우는 3번이나 있었다.

우리 우거지 멤버인 장영철 군이 메일 주소로 88ychang을 쓰는 것을 보고, 큰 뜻을 팔팔하게 펼치려는 모양이라고 생각하였다. 그를 위해 우거지는 이번 겨울에 우거지를 만들어야 한다. 잘 말린 좋은 우거지로 크고 맛난 장(張)을 만들자. 앞으로도 삼삼(33)하게 살고 구구(99) 너머까지 팔팔(88)하게 큰 뜻을 이어나가자.

....

한돌 신윤수는

청주에서 자랐습니다. 30년 동안 공직에 있었습니다.

서울대 경영학과(1980), 방송대 법학과 · 국문과(2016)를 졸업했고, 현재 방송통신대 대학원 문예창작콘텐츠학과에 재학 중 입니다.

물 따라 바람 따라 자유롭게 살면서, 주로 시 쓰기, 여행 다니기와 산 오르기를 하고 있고, 사람과 사회, 문학과 법 · 사회에 관심을 두고 있습니다. 공직에 관한 에세이 『무심천에서 과천까지』(2008), 시집 『젖은 해와 함께 걷다』(2017), 『봄눈의 시학』(2018), 『연주대 너머』(2019)를 펴냈습니다.

| 목 차 |

프롤로그

- 우리나라 경제 성장은 이렇게 했습니다
- 우리경제 현황입니다
- 문재인 정부는 역주행하고 있습니다

1

•••
우리나라 경제 성장은 이렇게 했습니다

🔳 수출입국 전략의 성공

우리나라는 1960년대부터 고도성장을 하면서 비약적으로 발전하여 왔다. 1인당 국민소득이 100달러도 되지 않던 나라가 이제는 3만 달러를 넘었고, 세계 12위의 경제대국이 되었다. 이제는 '원조를 받던 나라에서 원조를 주는 나라'가 되었다. 외국에서는 한국의 고도성장을 '한강의 기적'이라고 부러워하면서 한국의 발전 경험을 배우려고 노력하고 있다. 한참 성장하고 있을 때는 사회 전반에 걸쳐 우리도 할 수 있다는 신념에 찬 젊은 인재들이 세계를 향하여 돌진하는 모습을 사회전반에 걸쳐서 볼 수 있었다. 마치 우리 민족의 원형인 고대 '기마민족'이 다시 살아난 느낌이었다.

우리나라의 고도성장은 '수출입국'이라는 표어가 말해 주듯, 수출에 주력하는 전략을 세운 덕분이었다. 인구는 적고 가난하고 자원도 부족한 나라에서 산업을 일으키려면 해외에서 자원을 수입하여 저렴한 인건비로 가공하여 해외시장에 수출하여야 생존 할 수 있다는 것이다. 이러한 전략은 16세기 네덜란드도 취한 정책으로 영국, 독일로부터 양털, 주석, 구리 등 원자재를 수입 가공하여 수출하는 전략을 성공시켜 세계적인 무역대국이 된 바 있다.

경제개발 초기 단계에, 우리의 내외환경은 우리 경제에 매우 긍정적이었다. 세계 경제질서가 안정되면서 자유 교역이 적극 장려되는 시기였다. 북한의 재침략을 억제하는 한미동맹은 우리로 하여금 경제발전에 전념할 수 있는 기초가 되었고, 미래를 내다보는 지도자들이 국가와 기업에 포진되면서 수출입국이라는 세계경제환경에 맞는 경제발전 전략과 계획을 추진하였다. 또한 이에 필요한 인재를 확보하기 위하여 교육의 기회를 확충하면서 개인도 성장할 수 있는 기회를 준 것은 정말 시대를 꿰뚫어보는 정책이었다라고 평가할 수 있다.

다른 한편으로는, 지금은 우리의 강력한 경쟁국이 되고 만 중국이 이른바 '죽의 장막'에 머물면서 세계시장에 나오지 못한 것은 우리나라로서는 정말 다행스러운 일이었다고 생각한다.

이렇게 순조로운 환경을 십분 살려, 우리나라는 대외개방전략을 취하면서 수출할 수 있는 품목을 산업화하도록 지원하였다.

1960년대 수출품목이 쌀, 중석 등의 1차산품과 신발 등 섬유제품이었지만, 1970년대 중화학 공업 육성정책, 1980년대 삼성의 반도체산업 진출 등이 성공을 거두면서 우리의 수출주력품목이 종전 1차산품 및 경공업 제품에서 이제는 반도체, 선박, 자동차, 석유제품, 평판 디스플레이 등 세계적인 경쟁력을 갖는 제품으로 바뀌었다. 2011년에 무역규모 1조달러가 넘었고, 2018년 수출규모 6,049억 달러, 수입 5,352억 달러로 무역규모는 1.1조달러를 기록하였다. 우리 경제의 무역의존도는 70%나 되어 수출이 우리 경제를 좌우하는 나라로 되었다. 이러한 수출입 전략이 성공하면서 우리의 경제도 고도성장을 하였다. 1960년대 8.46%, 1970년대 10.16%, 1980년대 8.64%를 달성한 것도, 우리나라가 수출경쟁력을 확보하였기 때문이다. 다만, 1990년대부터 우리경제가 커지고, 중국이라는 경쟁자가 들어서면서 경쟁력이 낮아지면서 경제성장률이 낮아지고 있는 것은 다음 표와 같다.

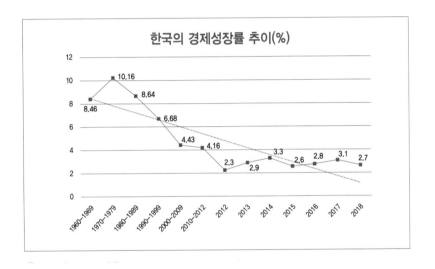

② 경제발전에 성공한 3가지 요인

우리나라가 세계 최빈국이었음에도 경제발전에 성공하게 된 이유로 다음 3가지를 들 수 있다.

첫째, 미래를 내다보고 '우리도 한번 잘살아 보세'로 국민적 호응과 단합을 이끌어 낸 개척정신을 가진 지도자들이 있었다. 이들은 우리나라를 개발시키기 위한 전제로 경제활동의 자유를 보장하는 시장경제체제를 기반으로 삼았다. 다만, 경제개발 초기에는 국가차원의 경제개발계획을 수립하는 것이 불가피 하다고 판단하여 이를 추진하였고, 어느 정도 성공하자 민간이 주도하는 시장경제 체제로 전환시켰다. 이러한 국가주도의 경제개발전략이 성공을 거두면서, 1990년대 사회주의국가들이 시장경제로 이행하는 과정에서 우리의 개발 전략이 교과서 역활을 하였다.

둘째, 일제식민지 및 6.25 전쟁으로 계급이라는 사회적 차별구조가 사라지면서 누구든 능력을 발휘하면 성공할 수 있다(Social Mobility)는 인식을 갖게 되었다. 이는 경제활동의 자유를 실질적으로 보장하는 결과로 이어지면서, 모두를 열심히 일하게 하는 동력이 되었다.

셋째, 모든 국민들이 교육을 받을 수 있도록 교육시스템을 정비하고, 재정자원을 크게 늘렸다. 이는 저개발 국가들의 정치세력들이 일반적으로는 자기들의 지배체제를 유지하려고 국민을 교육시키지 않으려는 것과 대조적이다. 우리나라 초기 지도자들의 국민사랑 정신을 엿볼 수 있는 대목이다. 우리 국민들의 높은 교육열이 뒷 받침 되면서 우리경제는 산업이 필요로 하는 인재를 육성하고 확보하게 되었고, 우리경제 성공의 기반이 되었다.

2 우리경제 현황입니다

    우리 경제는 1970~1980년대 초 몇 차례 경제적 고비를 맞았지만 그런대로 순항하였다. 그러다가 1997년 외환위기, 2008년 금융위기를 겪으면서 수많은 기업이 도산하는 등 고난을 겪었고, 경제의 구조가 크게 바뀌었다. 이후 경제위기는 전 국민의 노력으로 극복되었지만, 그 상흔은 아직도 남아 우리 경제의 양극화의 단초가 되고 있다.

    우리나라의 현 상황은 다음 그림과 같다.

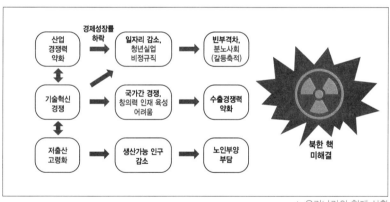

▲ 우리나라의 현재 상황

■ 고비용, 혁신부족으로 산업경쟁력이 약화되는 상태

우리의 과거 경제개발은 선진국을 빠르게 모방하면서 대량생산하여 수출하는데 성공한 덕분이다. 특히, 중화학공업육성정책이 성공하면서 우리경제가 크게 성장할 수 있었다.

우리의 성공 경험을 지켜 본 중국이 우리를 모델로 자국의 경제발전을 적극 추진하면서 이제는 '세계의 공장'으로 까지 올라가는 데 성공하였고, 미국에 이어 세계 2위의 경제규모가 되었다. 중국이 무한정한 저임 근로자를 활용하여 가격을 낮추면서 세계 시장을 공략한 결과이고 한편으로는 사회주의체제의 속성상 국가가 사실상 국가소유인 기업을 무한정 지원한 결과이다.

우리나라는 그동안 인건비가 크게 오르고 땅 값도 역시 크게 오르고 있지만 이러한 고비용을 상쇄할 만한 혁신이 이루어지지 않으면서 우리 산업을 지탱해 오던 중화학 공업과 자동차, 전자, 석유화학 제품 등의 경쟁력이 크게 약화되고 있다.

이제는 과거와 같은 고도성장은 커녕, 경제성장률이 2%대에 머물고 있고, 경제의 잠재성장률이 1%대로 진입하고 있다. 여기에 더해서 미국과 중국의 무역 분쟁의 와중에 끼어있다. 우리의 수출1위국인 중국의 경제가 타격을 받으면서, 우리나라의 수출은 2018년 12월 이래 지속적으로 감소하고 있다.

(표) 수출입 증감율 및 무역수지

(단위:%,억불)

	수 출	수 입	무역 수지
2019년 11월	−14.4	−13.0	33
2019년 9월	−11.8	−5.6	59
2019년 6월	−13.8	−10.9	39
2019년 3월	−8.4	−6.5	50
2018년 12월	−1.7	1.1	42

이렇게 경쟁력이 크게 약화되면서 일자리는 급속히 사라지고 있다. 일자리 감소는 소득 감소로 이어지는데, 특히 저소득 계층의 일자리가 1차적으로 사라지면서 빈부격차가 커지고 있다. 미국도 1930년대 대공황시절에 겪던 일이다. 결국 사회에서 경제적으로 소외된 사람의 사회에 대한 분노는 커지게 되고, 사회갈등이 유발되나 조정하는 능력은 이에 따라가지 못하면서 우리사회가 갈등이 상시화 되는 사회로 변화하고 있다.

제4차 산업혁명시대가 다가오면서 이제 기술 개발은 국가 간의 경쟁으로까지 확대되었음에도 우리는 아직 새로운 기술에 대한 수용태세가 미흡하고, 연구능력을 갖춘 인재를 발굴하고 육성하는 데 한계를 보인다.

기술적인 면에서도 이제 우리가 중국보다 더 낮다고 하는 분야가 급속히 줄어들고 있다. 중국은 세계 제1위의 국가가 되겠다는 목표아래 혁신적인 기술, 제4차 산업혁명에 맞는 기술을 획득하거나 개발하는 것을 국가적 과제로 삼고 적극 지원하면서 제4차산업혁명과 관련된 기술, 드론이라든지 5G초고속 통신 등은 중국이 오히려 앞서 나간다고 평가받고 있다. 중국이 더 이상 예전의 중국이 아닌 것이다.

　이런 상황에서 새로운 혁신 기술을 바탕으로 새로운 혁신 제품을 만들어 내지 못하고 있어 우리경제의 산업 경쟁력은 급속히 약화되고 있다. 과학기술 증진을 위하여 국가적 차원에서의 연구투자 규모를 늘리고는 있지만 어느 순간부터는 눈에 띄는 성과를 내지 못하고 있다. 한편, 이를 뒷받침할 창의력 있는 인재를 육성하는 것이 점점 어려워지고 있고 연구개발을 위한 인재 충원도 점점 어려워지고 있다.

　이러한 상황을 뿌리치고 앞으로 나아가려면 기존의 사업을 새로운 기술력으로 고도화하는 한편 새로운 산업을 창출해 내어야 하는 상황이다. 과거처럼 선진국을 열심히 따라가는 '패스트 팔로어(Fast Follower)'에 머물러 있다가는 영영 2등으로 전락할 수 있다. 이제는 우리가 스스로 만들어내어야 하는 상황이다. 따라서 지적인 능력을 활용하는 문화예술, 과학기술 등의 분야 등의 소프트한 산업의 중요성이 더욱 커지고 있다.

그러나, 우리사회에서 점점 기득권층의 목소리가 커지면서 외부 환경변화에 대한 혁신을 방해하고 탄력적으로 대응하기 어렵게 하고 있어 이에 대한 사회적 합의를 이끌어 내는 것이 무엇보다도 중요하다. 이러한 사회적 갈등을 해소할 수 있는 제도적 장치가 제대로 가동되어 이러한 문제를 극복하고, 인간의 창의력을 활용하여 제2차 산업화가 성공한다면, 과거와는 양상이 다른 질적인 경제성장을 구현할 가능성이 높다.

② 미래 변화에 대한 대비 미흡

갈등을 해소하고 국민을 통합하여 미래를 대비하려는 지도자는 찾아보기 어려운 것이 현실이다. 정치민주화가 진행되었다고는 하나 과거만 돌아보고 미래를 내다보지 못하는 세력들이 정치권에 대거 입성하면서 오히려 갈등을 조장하고 있다.

미래를 대비하기 위한 로드 맵, 계획 등이 난무하지만 여러 요인으로 인하여 제대로 실천되지 않으면서 새로운 산업의 창출은 여전히 지지부진하다. 최근의 차량공유 사업 관련법, 빅데이터 산업 창출을 위한 관련 3법이 무산된 것은 이러한 상황을 상징적으로 보여준다. 앞으로 제4차 산업혁명이 다가오지만 새로 개발되는 기술이 관련 입법의 지원을 받기가 매우 어렵다는 점을 예고하는 사건이다.

수출에 의존하여 성장한 소규모 개방경제국가인 우리나라에서 최근 기업의 경쟁력은 눈에 띄게 약화되고 있다. 미국과 중국의 무역 분쟁 등 국제무역환경이 날로 어려워지면서 수출이 계속 하락하고 있고, 국내시장 상황도 과거에 비하여 정체되면서 기업들의 이익이 크게 줄고 있다. 한국거래소가 발표한 유가증권 상장 574개 기업의 2019년 상반기 연결 재무제표 기준 실적을 보면 영업이익 55조원, 순이익 37.5조원으로 전년 같은 기간에 비하여 각각 37%, 43%로 대폭 줄어든 것으로 나타났다.

❸ 심각한 저출산 고령화 현상

경제발전이 되면서 과거보다 물질적으로는 훨씬 더 잘 살고 있음에도 미래에 대한 희망을 상실하고 있는 사람이 생각보다 많다. 한국에서 살아가야 할 자신이 없는 사람이 부쩍 늘어나면서 어느 덧 자살률이 OECD국가 중 1위라는 불명예를 기록하고 있고, 합계출산율이 0.98이라는 극심한 저출산 현상까지 빚고 있다. 우리가 고도성장을 하면서 정신적인 가치를 잃어버린 결과이다. 저출산으로 인하여 상대적으로 노인인구비중이 높아지면서 노후를 대비하지 못한 노인들에 대한 부양부담이 커지고 있다.

④ 북한의 핵 위협

북한의 핵은 우리의 생존을 심각하게 위협하고 있다. 북한이 같은 우리 민족이므로 북한 핵은 우리 것이라느니 설마 우리 한테 쏘겠느냐는 이해할 수 없는 주장들을 하는 사람이 너무 많아졌다. 평범한 가정에서도 같은 식구끼리 싸우면서 심지어는 원수같이 지내는 사람들도 많다. 북한이 아무리 우리 민족이라고 하더라도 우리는 이미 한번 싸워 본 일이 있고, 막대한 인적 물적 손실도 입었는 데 잘 지내자는 것이 정말 가능한 일인지 되묻고 싶다. 북한의 정치체제가 대폭 혁신되어, 자유민주주의 국가로 변화되면 가능할 수도 있겠지만, 언제 될지 알기 어렵다.

2018년에는 금새 남북 평화가 올 것처럼 요란했지만 1년여가 지난 지금 북한은 그사이 핵을 완성하고 말았다는 것이 전문가들의 의견이다. 우리는 그야말로 골든타임을 허송세월한 셈인 데, 앞으로 북한이 핵을 가지고 우리를 얼마나 괴롭힐지 주목되며 우리 내부에서 통일된 입장을 정리하여야 할 것이다. 아무리 경제가 발전하여 잘 살게 되었다고 하더라도 지키는 능력이 없으면 허사이다. 우리가 노력하여 쌓은 자산을 지키지 못하고 후회하는 일이 없도록 하는 것이 진정한 안보이다.

3 문재인 정부는 역주행하고 있습니다

1 총평

최근 우리나라 경제가 추락하면서 사회분위기는 전반적으로 우울하다. 환경이 크게 변화하고 있음에도 우리사회가 전반적으로 대응할 능력이 없는 것 같아 보인다.

우리 경제가 그동안 단기간에 급속히 성장하였고, 장기적으로 보면 잠재성장력이 하락하고 있는 상황에 처해있기 때문에 과거처럼 고도성장을 하기는 어렵다. 그렇다고 해서 자기가 무엇을 하고 있는 지 잘 모를 뿐더러 미래에 대한 비전도 없이 과거만 바라보는 수구적 행태를 보이는 정부가 들어서면서 우리 경제의 하락의 속도는 더욱 가속화되고 있다.

문재인 정부는 집권 2년반 동안 이념을 앞세우면서 정책 상호간의 조율 없이 반시장적 경제정책을 거듭하였다. 그러다보니 정책간 상호충돌을 일으키면서 무엇 하나 제대로 돌아가는 것은 없고, 정책의 실패를 과거 탓으로 돌리는 선전선동의 구호만 난무하다.

문재인 정부가 경제를 더 어렵게 만들었음에도 그동안의 정책이 올바른 길로 가고 있고, 성공하고 있다며 경제를 망친 점에 대한 반성은 전혀 없이 남은 집권기간 동안 꿋꿋이 나가겠다고 하니 이제 우리는 어떻게 살아야 하는 지 걱정을 하고 있는 사람이 많다. 길을 가다보면 수 많은 가게들이 비어있고, 임대라는 표어를 붙인 지 오래되었지만 아직도 임자를 찾지 못하고 있는 곳이 너무도 많음에도 그동안 우리나라가 자영업이 지나치게 많은 것이 문제였다는 식이다.

2 반시장정책으로 경제 추락 중

　문재인 정부가 일자리정부를 표방하면서 일자리 상황판을 만든다는 등 요란을 떨었지만 인건비 급상승, 기업 활동을 직접 규제하는 주52시간제 등 기업의 경제활동자유를 크게 제약하는 반시장정책을 남발하면서 우리나라 기업의 경쟁력은 크게 약화되고 있다. 문 정부의 반시장적인 정책으로 기업이 지속적으로 괴롭힘을 당하면서 기업은 전반적으로 기업할 의욕을 상실하고 있다. 어려운 상황을 견디다 못해 기업을 매각하거나 폐쇄하는 경우도 크게 늘어나고 있다. 또한, 시장 상황이 계속 악화되니까 신규로 투자하는 것을 엄두도 내지 못하고 있다.

　우리나라의 산업경쟁력과 기업환경이 크게 약화되면서 개선될 희망이 보이지 않자 해외로 나갈 여력이 있는 기업들은 해외에서 돌파구를 찾고 있다. 작년도 기업의 해외투자가 무려 5백억 달러에 달하고 있다. 해외에 나갈 처지가 못 되는 일감 부족에 시달리는 기업들은 생존차원에서 인건비 압박을 줄여보려고 노력하다가 그마저도 여의치 않으면 정리하고 있다.

❸ 소득주도성장정책의 폐해

기업의 경쟁력이 약화되는 가운데, 최저임금을 급격하게 인상하면서 경제 전체적으로 인건비가 크게 상승하고 있다. 노동자의 임금을 올려 소득을 늘리면 성장을 주도할 수 있다는 소위 소득주도성장정책은 경제의 순환과정 전체를 보지 못하고 한 단면만 본 전형적인 노동에 치우친 정책이다. 임금은 가계에게는 소득이 되지만 기업에게는 비용이 되므로 상호 충돌하는 점이 있다. 임금을 급작스럽게 올리도록 강제하면서 최저임금을 사실상 사회의 평균임금수준으로 끌어올리다 보니 그 파괴력은 엄청나다. 물론, 경제가 활발히 성장하면서 구인난을 겪는다면 임금 상승의 충격을 어느 정도 흡수할 수는 있을 것이다.

그러나, 경제가 하락하여 침체기에 접어들면서 기업들의 일감 부족으로 매출 및 이익이 하락하는 상황에서 임금의 급격한 상승을 감당하기 어렵다. 이러한 상황이 지속되면서 국내에서 점점 좋은 일자리는 지속적으로 사라지고 있는 실정이다.

일자리 감소로 실업률이 크게 높아지고 있다. 문재인 정부 들어와 실업률은 2019년 2월 최고 4.7% 수준에 달하였다. 특히 청년들의 실업률은 10%수준을 넘나들고 있고, 실제 취업시간이 36시간 미만으로 추가 취업을 원하고 있는 청년들을 포함하여 계산하는 청년확장실업률은 20%에서 25%수준에 머물러 있다.

우리나라보다 인구가 많고 경제규모도 훨씬 큰 미국과 일본이 우리 보다 실업률이 낮고 특히 일본의 경우는 오랜 저출산의 영향도 있겠지만 기업들이 우리와는 반대로 구인난을 겪으면서 청년들이 행복한 고민을 하고 있다고 하니 우리와는 사뭇 다르다.

우리의 경우는 차세대 청년들에게 일자리를 주지 못하는 상황이 되면서 인력을 효율적으로 쓰지 못하고 있다. 정부가 일자리를 늘리는 노력보다는 이들의 환심을 사려고 청년수당 등 현금성 복지를 크게 늘리면서 청년들의 일하려는 의욕을 떨어뜨리고 있다. 우리나라의 심각한 경제현실을 짐작할 수 있는 대목으로 국가적으로 큰 일이 아닐 수 없다. 사회에 진입하는 청년세대를 고용할 능력이 없는 우리 경제의 현주소이다.

소득주도성장정책으로 양극화 심화

일자리 감소는 소득의 감소로 이어지는 데 공정과 공평을 외치면서 약자를 옹호하는 주장을 하던 현 정부가 들어서면서 반시장경제정책을 일삼다보니 빈부격차는 IMF외환위기 수준에 달하고 있다고 평가되고 있다.

특히, 저소득계층을 주로 고용하는 영세기업일수록 이를 감당하기가 어려워 사람을 덜 쓰고 있는 사람도 내보내는 현상이 빈번하게 나타나고 있다. 대학생 알바자리도 점점 구하기 어려운 상황에 처하고 있다. 단순 반복적인 노동에 대하여는 사람을 기계로 대체하는 현상이 일반화되었다. 요즈음 햄버거집이나 분식집에 가면 주문시 주문장치를 사용하도록 하고 있어 기계에 익숙하지 않은 분들은 햄버거도 사기 어렵다는 농담까지 나오고 있다.

인공지능 기능 등의 혁신기술이 활발하게 사용되는 제4차 산업혁명이 다가오면서 기술발전으로 인공지능이 점점 고도화되고 있다. 인공지능이 바둑의 최고수인 이세돌 기사를 이긴 '알파고'를 넘는 상당한 수준의 인지력과 판단력을 갖게 된다면 회계사, 세무사 등의 전문 영역도 인공지능으로 대체될 가능성이 높아질 것이다.

급격한 임금 인상은 저소득계층에 상당한 충격을 주고 있다는 점이 통계에서도 분명하게 나타나고 있다. 저소득계층의 상당수가 일자리를 잃게 되면서 근로소득이 줄고 있다.

2019년 3분기 통계청의 조사에서는 소득하위 20%에 해당하는 계층(1분위라고 함)의 근로소득은 6.5%나 줄어든 반면, 소득이 더 높은 계층의 근로소득은 줄지 않고 더 늘어 난 것으로 나타나고 있다. 정부가 1분위 저소득계층에 대하여 기초연금, 사회수혜금등의 공적이전소득 지원을 24%나 늘렸는 데, 이 지원금액이 전체소득에서 차지하는 비중이 31%나 된다. 이는 저소득계층이 정부지원에 의존에서 벗어나는 것이 쉽지 않음을 의미한다.

일자리야말로 최고의 복지이다. 자기 능력으로 삶을 살아가는 것이므로 떳떳하고 당당하다. 일자리정부를 표방하면서도 반 시장정책으로 일자리를 줄이는 결과를 낸 현 정부는 철저하게 반성해야 한다.

정부는 기업의 일자리창출능력 역할 제대로 인식해야

시장경제에서는 정부가 국민의 세금으로 일자리를 만드는 것이 아니라 기업이 경제활동을 하면서 만들어 내는 것이다. 기업은 노동, 자본 등의 생산요소를 결합하여 생산하고 판매하여 이익을 내려는 경제공동체로 정의할 수 있다.

기업은 경제활동을 통하여 부가가치를 창출하여 경제주체들에게 나누어주는 역할을 하고 있다. 노동을 제공한 가계에 지출하는 인건비는 가계의 소득이 된다. 자본을 투자한 사람에게 이익의 일부를 배당하고, 정부에게는 세금을 내어 국가를 운영하는 재원으로 쓰이게 하는 등 기업은 시장경제체제의 핵심 역할을 수행한다.

이렇게 기업이 창출한 부가가치가 분배되면서 경제주체들의 소비가 늘어나고 기업은 판매를 늘려 수익을 창출할 수 있게 된다.

경제가 원활히 움직여지려면 기업이 이익을 내어야 한다. 기업들이 환경의 급격한 변화에 적절한 대응을 하지 못하여 손실을 보게 되고, 누적되는 손실을 견디지 못하여 파산한다면 그 피해는 그대로 국민에게 파급된다. 일자리를 잃은 국민이 늘어나고 투자원금조차도 건지지 못하는 투자자, 돈을 빌려주고 못 받은 은행 등의 채권자, 일파만파의 상황이 벌어지면서 국가 경제전체로 번져 나갈 수도 있다. 현 정부는 미국이나 일본처럼 기업을 지원하여 경쟁력을 높이게 하는 것보다는 기업을 적대시하면서 오히려 기업에 족쇄를 채우겠다는 반시장정책으로 기업의 활동은 크게 위축되어 있다. 시장경제의 핵심요소인 경제활동의 자유와 사유재산권 보호를 침해하는 규제가 빈발하고 예측가능성도 없어 기업이 대응하기 어려운 상태이다.

정부는 기업의 경제활동이 원활히 추진되도록 기업에 대한 과도한 규제를 푸는 역할을 하여야 한다. 또, 일할 능력이 있는 사람이 시장에서 원활하게 고용될 수 있도록 직업 능력을 향상시켜주고, 고용정보를 공유하는 인프라 구축에 노력하여야 한다.

기업의 경제활동이 활성화되어 부가가치가 지속적으로 창출되면 일자리가 늘어나고 일자리의 질도 유지될 수 있다. 나아가 경제적 안정이 확보되면서 가정과 국가가 안정될 수 있는 최선의 일자리 정책이 될 것이다.

정부는 일자리 창출의 주역으로서의 기업의 가치와 사회에 대한 기여를 재인식하고 마음껏 경영활동에만 전념할 수 있는 환경을 마련하여야 기업들이 위축되지 않고 부가가치를 창출해 내면서 일자리를 늘릴 것이다.

일자리예산의 성과 전면 검토 필요

현 정부는 일자리 창출 예산으로 집권이후 내년까지 총100조원이나 쓴다고 한다. 정부가 직접 시장에 개입하여 일자리를 만들려고 하는 것은 오히려 시장을 왜곡하는 일이다. 엄청난 규모의 예산이 검증도 되지 않은 사업에 성과없이 쓰일 가능성이 높은 것이 일자리 예산이다. 예산은 국민이 경제활동을 통하여 고생하면서 창출한 소득의 일부를 정부가 쓰도록 한 것이다. 국민의 소중한 세금을 쓰는 예산이 낭비되지 않도록 철저하게 견제하고 관리하는 시스템이 복지예산 분야에서는 특히 더 필요하다.

더구나, 일자리 예산의 상당부분이 노인층과 청년층의 일회성 알바자리를 양산하고 있어 실업률 통계를 왜곡하고 있다. 여기에 더하여 각종 현금성 복지수당이 대폭 늘어나면서 국가의 돈을 공돈으로 생각하는 경향도 생기는 것 같다. 물론 일자리를 잃은 사람에게 사회부조 차원에서 일정부분 국민의 세금으로 지원해 줄 필요는 있다. 하지만, 일할 수 있는 사람을 장기간 지원하여 이들이 일하지 않고도 먹고 사는 데 지장이 없다고 생각하게 만들면 본인을 위해서나 사회를 위해서나 불행한 일이다.

4 규제 만능의 부동산 정책 폐해

국토교통부는 문재인 정부 집권전반기의 부동산 정책이 효과적이었다고 스스로 대견해 하고 있다.

"집값이 예년보다 덜 올랐고 참여정부때 보다도 선방하였다. 부동산 공시가격을 현실화하였고 실수요자의 안정적인 주거를 위해 30만 가구를 공급하는 의미있는 정책을 추진하고 있다. 문 정부 집권 후반기에도 부동산시장 모니터링을 강화하고 민간택지 분양가상한제 추가 지정을 검토하겠다" 고 강조하고 있다.

현 정부 들어와 모든 경제지표가 추락중임에도 집값은 사상최고로 폭등하고 있는 데 뜬금없다는 생각이 든다. 전국을 균형 발전하겠다고 하면서 집 값을 역대정부에서 가장 크게 올린 노무현 정부보다 더 오르고 있어 사람들은 현 정부를 노무현 정부 시즌2라고 까지 부른다고 한다.

집 값은 기대심리가 발동할 때 오르는 경향이 강하기 때문에 집 값이 상승되지 않도록 기대심리를 관리해나가는 것이 중요하다. 그런데, 현 정부는 지난 2년반 동안 부동산 보유세 대폭 인상, 대출 엄격 규제 등 국민은 안중에도 없이 규제 폭탄을 총 18번이나 남발하고 있다.

잦은 규제에도 불구하고 집 값은 더 오르고 있는 데 대통령은 집 값이 안정되고 있다고 현실에 맞지 않는 소리를 하고 있으니 국토교통부는 점점 더 규제를 강화하는 악순환에서 헤어나지 못하고 있다.

민간택지 분양가 상한제는 분명 사유재산권 침해 소지가 있다. 개인이 갖고 있는 주택을 재건축하는 데 그 분양가를 시세보다 낮추도록 규제하면 조합원이 가져가야 할 이익의 일부를 분양받는 사람에게 주는 것이고, 게다가 대출 규제가 강화되어 중산층의 대출이 사실상 중단된 상태에서 대출받을 필요가 없는 현금부자가 분양을 받도록 하는 불공정한 결과를 초래한다. 국가가 민간이 가진 땅에서 발생된 이익을 제3자에게 그것도 부자에게 주라고 강요하는 꼴이다.

서울 등 더 이상 택지공급이 불가능한 지역에서 그나마 재건축, 재개발로 유지해 온 신규공급을 사실상 차단하는 규제를 하겠다는 것은 앞으로 공급이 부족할 것임을 예고한 꼴이다. 서울 주변에 신도시를 건설하고 있으니 공급은 충분하지 않느냐 하고 이야기 하고 있다. 그렇지만 사람들은 소득이 늘어나면 보다 위치가 좋고 잘 지어진 집에서 살고 싶어 한다. 정부가 아무리 신도시공급을 늘리더라도 수요자가 신도시를 선택하지 않는다면 여전히 수요는 충족되지 못한다. 이러한 상황에서 한 쪽에서는 학군을 부활하는 정책이 나오니 집 값은 올라갈 수 밖에 없다. 따라서, 과도하게 세금, 대출중단 등 무리한 규제정책이 만능은 아니다. 시장의 수요 공급원리를 기본적으로 적용하면서 규제정책을 적절히 가미하여야 한다.

가지고 있는 집의 시세가 올랐다는 이유 즉, 올랐다고 하지만 이익이 아직 실현되지 않고 있는 상태에서 종합부동산세 등의 보유세를 과도하게 부과하는 것은 문제가 있다. 올해 종합부동산세 징수액이 전년 대비 58%나 늘어난 것은 지나치다. 다른 소득세나 법인세는 오히려 줄어든다고 하는 데 유독 종합부동산세만 이렇게 과도하게 징수되는 이유가 법으로 세율을 인상한 효과가 아니라 법에서 대통령령으로 위임한 공시가격을 마구 올렸기 때문이라면 근대 헌법의 기본원리인 '조세법률주의'를 침해하는 것은 아닌 지 의문이 든다.

어느 법이든 복잡한 사항을 일일이 법에 규정하기는 어렵고 법을 탄력적으로 집행하기도 어렵기 때문에 이러한 사항들은 보통 대통령령으로 위임하고 있다. 그렇다고 하더라도 공시가격을 과도하게 올려놓아 종합부동산세를 전년 대비 58%나 징수하는 결과를 초래한 것은 위임의 범위를 초과한 것으로 아무리 보아도 문제가 있다.

종합부동산세와 재산세 등의 보유세를 과도하게 인상하면서 집을 팔라고 압력을 넣는 것도 무리이다. 자칫 세입자에게 전가되어 주거비용을 올릴 우려도 있다. 그리고, 한곳에서 몇 십년동안 살면서 투기와 거리가 먼 1가구의 1주택 소유자가 은퇴하여 더 이상의 소득이 없는 경우라면 지금 보다 세금을 더 대폭 경감하거나 집을 파는 시점까지 유예해 주는 것이 필요할 것 같다.

다주택자에 대하여도 보유세를 과도하게 부과하면서 한편으로는 집을 팔 때 양도소득세를 중과하니 집을 갖고 있기도 팔기도 어려운 진퇴양난의 상황을 만들고 있다. 주택을 가진 국민을 적으로 보고 포위하여 섬멸하려는 꼴이다. 세금이 호랑이보다 무섭다는 중국의 고사가 생각이 난다.

아무튼 지나치게 과도한 세금 때문에 원본이 잠식되어 같이 오른 다른 집을 살 수 없게 된다면 헌법의 거주이전의 자유가 제약을 받게 되는 것은 아닌가 하는 생각도 든다.

이렇게 시장의 수요 공급 원리를 무시하고 국민의 재산권을 침해하는 것은 그야말로 사회주의 반시장정책이다. 규제가 심해질수록 민간은 회피 노력을 하게 되며, 정부가 또 규제를 강화하면서 국민이 사유재산권을 원본까지도 잠식당하게 될 정부와 국민이 정면으로 충돌하는 사건이 생길 수도 있다는 우려가 든다.

또한, 신규주택의 공급을 수요자가 원하는 지역에서 사실상 차단하여 공급부족으로 집값을 폭등시키는 결과를 초래해 놓고는 지난 정부의 탓을 하고 있고, 어떤 현 정부 고위인사는 주택소유자를 모두 투기꾼으로 생각하고 있는 것 같다. 보유세를 획기적으로 올리는 부동산 공유제로 실시하여야 한다고 주장하면서, 1가구 1주택을 장기적으로 소유하고 있는 일반 중산층까지도 적대시하는 태도를 보이고 있다.

우리 경제발전의 성공요인이었던 국민을 통합시키는 리더십이 있는 지도자가 능력 있고 청렴한 인재를 등용하고, 국가의 미래를 위하여 결정하고 추진해 나가는 것은 총체적인 난국에 처해있는 현제에도 여전히 유효하다.

따라서 이러한 요인들이 구현될 수 있도록 우리의 현실에 대한 직언(直言)이 어느때 보다도 필요한 시점이다. 사실 직언을 하려면 큰 용기가 필요하다. 누군가는 나라를 위한 의견을 제시하는 용기를 내어야 한다고 생각한다.

1. 경제 현실에 대한 直言

1

경제 현실에 대한 直言

신기루로 바뀌려는 '한강의 기적' [애플경제 2019.05.02]

우리 경제의 기적과 같은 성장을 흔히들 '한강의 기적'이라고 한다. 그도 그럴 것이, 제2차 세계대전이후 식민지에서 독립한 아시아 아프리카의 신생국 100여개국가 중 불과 70여년 만에 1인당 국민소득 3만 달러를 달성하고 세계 11위의 경제규모를 갖게 된 나라는 우리 대한민국 밖에 없기 때문이다. 인구나 면적으로 볼 때 작은 나라이고, 그것도 남북한이 분단되면서 북한지역에 수립된 공산정권의 침략으로 시작된 3년간의 전쟁 폐허를 극복한 결과이니 '기적'이라는 단어를 쓸 수 밖에 없다. 어쩌면 우리 국민들은 단군 이래 가장 부유한 상태에 있고, 저개발국이 우리나라의 경험을 배우려고 노력하는 것은 어쩌면 당연한 일이라고 하겠다.

이러한 기적이 가능했던 것은 지긋지긋한 가난을 물리치자는 국민들의 염원이 있었고, 이러한 염원을 경제발전의 원동력으로 삼은 걸출한 지도자들이 있었기 때문이다. 이들은 자유시장경제체제를 기반으로 하여 경제개발초기 단계부터 미래의 비전을 제시하면서 국민들이 '할 수 있다'는 자신감을 고취시켰고, 국제적으로 안정된 교역환경을 십분 활용하기 위하여 '수출입국'을 기치로 걸고 농산물이나 광물 등 1차 산품을 수출하는 정도에 머무르던 국가를 반도체, 석유화학제품, 자동차, 선박 등을 중화학제품을 수출하는 제조역량을 가진 산업국가로 변신시키는 데 성공하였다. 기업현장에서 창의적이고 혁신적인 리더십을 발휘하여 세계시장에 적극 진출하면서 수출과 산업화를 성공시켰고, 미래를 위하여 과감하게 투자하는 결단을 내린 재능 있고 기업가정신이 충만한 기업 지도자들이 있었던 것은 전적으로 우리 대한민국의 행운이 아닐 수 없다.

이렇게 우리의 역량을 경제발전에 쏟아 부을 수 있도록 하는 데 중요한 기반이 된 것은 튼튼한 안보체제가 정립되었기 때문이다. 지구상에 살아있는 모든 생물은 식물이건 동물이건 간에 생존을 위하여 무한 투쟁을 하고 있다. 생존에 가장 중요한 것은 먹을 것을 확보하는 일인데, 한정된 먹을 것을 확보하기 위하여 모든 생물들은 목숨을 건 싸움을 하게 된다. 인류의 역사도 마찬가지이다. 아무리 경제발전을 하여 과실이 쌓여있더라도 외부세력에게 빼앗기면 허사가 되며, 나라가 유지될 수 없다. 더구나, 인간이 남는 식량을 저장하는 기술을 개발하면서부터 인간간의 투쟁은 식량을 저장할 줄 모르는 동물세계의 싸움과는 차원이 달라졌다. 동물들이 현재 나타난 사냥감을 놓고 싸우는 단순한 패턴을 보이는 반면, 인간들은 남이 모아놓은 식량을 빼앗고, 패배한 부족을 노예로 삼아 노동력을 약탈하는 탐욕의 패턴을 보이고 있다. 아무리 경제가 발전하였더라도 외적 침입을 막지 못하여 모든 것을 빼앗기고 결국 망한 나라가 한 둘이 아니다. 오죽했으면 자유시장경제체제를 창시한 경제학의 시조라는 아담스미스 조차도 안보는 자유시장경제체제를 적용할 수 없다고 하였을까? 이러한 관점에서 볼 때 6.25전쟁이후 휴전상태에서 초강대국 미국과 동맹을 맺어 안보의 기초를 쌓은 우리 지도자의 혜안이 우리의 경제발전에 초석이 되었음은 아무리 강조하여도 지나치지 않다.

이제 우리나라는 새로운 기로에 서 있다. 1인당 국민소득이 3만달러가 넘어가면서 사회의 분위기가 매우 바뀌었다. 1997년 겪은 IMF 외환위기와 2008년 세계적인 금융위기의 여파로 인하여 우리 국민들의 경제마인드는 크게 손상되었고 사회적 갈등은 더욱 심해지고 있다. 세계시장을 위하여 열심히 뛰던 열혈 상사맨 들과 오늘날 세계의 어떤 유명한 사업가보다도 훨씬 더 혁신적이었고 미래를 볼 줄 알았던 정주영, 이병철 같은 인물은 이제 찾기 어렵게 되었다.

우리경제의 수출입 대외의존도가 세계 최고 수준임에도 불구하고, 수출입에 영향을 주는 국제정세에 무관심하다. 미국과 중국의 부역분쟁, 북한의 비핵화 문제 등 우리 경제에 큰 영향을 줄 수 있는 이슈들이 날로 커지고 있고, 주변에 있는 미국 등 세계 4대강국이 우리의 운명에 영향을 주고 있음에도 불구하고 오로지 북한만 쳐다보는 외교의 편향성이 두드러지고 있다. 우물안 개구리처럼 세계정세를 논의하는 모습은 찾기 어렵고, 매일 매일 시끄러운 정략적 당파싸움만 요란하면서 사회갈등은 오히려 증폭되고 있다. 1950년대 마련된 안보의 기초가 흔들리고 있는 상태이다. 경제적으로는 열매를 키워 소득을 얻는 것이 아니라 열매를 얻기 전에 임금을 먼저 올려 소득을 주어야 경제가 성장한다는 경제의 순환관계를 왜곡하는 이른바 소득주도성장정책과 노조 편향적 정책 등으로 임금은 생산성을 크게 초과하는 수준으로 급상승하고 있고, 기업 활동을 다양하게 규제하면서도 4차 산업혁명에 걸 맞는 신산업창출은 미흡하여 우리 기업의 경쟁력은 나날이 떨어져가고 있다.

대기업조차도 설비투자를 크게 줄이고, 공장을 해외이전하고 있어 기업 특히 제조업의 일자리가 크게 줄어들고 있고, 설상가상으로 수출까지 5개월 지속 하락하고 있다. 올해 1/4분기 경제성장율은 전기대비 0.3% 마이너스로 10년 3개월만에 최저치로 나타나고 있는 것은 같은 기간 미국의 경제성장률 3.2%와 크게 대비된다. 최근 한국은행은 올해 우리 경제의 성장률 전망을 2.6%에서 0.1%하락한 2.5%로 하향조정하였고 상당수의 국내외 기관들도 그 이하 최저 1.8%까지도 전망하고 있으며, KDI는 2050년 잠재성장률을 1%로 전망하고 있다. 이제 안보라는 방파제를 상실해가고 있는 우리 경제가 자체 동력도 꺼져가고 있어 날개 없는 추락 상태로 접어든 것이 아닌가 우려된다. 대한민국이 경제를 쌓아 올리는 데 기적을 보여 주었는 데, 순식간에 신기루처럼 사라지는 '기적'을 보여주면 안 될 것이다. 우리의 미래세대가 걸린 일이다. 이제라도 부가가치와 일자리 창출의 주역인 기업의 경제마인드를 살리면서 안보의 기초를 더욱 굳건히 하는 정책의 대전환이 필요하다.

우리나라의 성공을 진심으로 바라면서 [애플경제 2019.06.07]

많은 사람들이 성공하기를 꿈꾼다. 그런데, 사람들에게 '성공'이라는 것이 과연 무엇이냐고 물어 본다면 각자의 세계관이나 처한 상황에 따라 다르게 설명할 가능성이 높을 것이다. 고등학생들은 좋은 대학에 가는 것, 대학생들은 좋은 회사에 취직하는 것을 성공이라고 말할 것이다. 사업을 하는 사람은 사업이 잘 되는 것을 성공이라고 할 것이며, 대통령을 포함한 정치가들은 선거를 통하여 자기가 실현하고 싶었던 정책을 실천하여 성과를 내는 것을 성공으로 여길 것이다. 한편, 정신적 가치를 추구하는 예술인이나 종교인은 이러한 세속적인 성공을 넘어서는 차원이 다른 성공을 이야기할 것이다. 그야말로 십인십색(十人十色)이다. 성공의 정의와 성공 달성여부를 평가하는 기준이 다양할 수 밖 에 없는 것은 사람들이 자기의 인생관이나 직업, 처한 상황에 따라 성공을 바라보기 때문이다. 다만, 한 가지 공통적인 점은 자기가 미래에 소망하는 것을 이루려고 노력한다는 것이다.

그런데, 이러한 개인적 차원을 넘어서 조직이나 국가 차원에서의 성공은 어떻게 바라보아야 할 것인가? 하는 의문이 제기되었다. 발단은 지난 5월 문 대통령이 KBS와의 취임2주년 대담에서 "거시적으로 볼 때 한국 경제는 큰 성공을 거두었다."고 하면서, "G20국가나 OECD국가들 가운데 상당한 고성장을 했다"고 언급하였다. 국민들은 지난 2년간 국민의 세금을 엄청나게 투입하였지만 일자리는 지속적으로 감소하는 바람에 무려 130만명이나 실업자가 되었고, 소득은 감소하는 반면 생활물가는 오르는 고통을 겪고 있는 데 "성공이라니요? 이게 웬 뜬금없는 소리인가" 하는 반응이 많다. 지난 2년 동안 경제정책의 실패를 지적하는 목소리는 무수히 많았지만 과거 정부가 잘못해서 그렇다고 책임을 떠넘기는 모습을 보이던 것이 현 정부가 아니었던가? 그런데, 이제 와서는 우리 경제가 사실은 성공한 것이라고 이야기하니 경제전체의 흐름을 보지 못하거나 아니면 일부분을 침소봉대하여 전체 맥락과 다르게 자기가 내리고 싶은 결론을 내려는 것이 아닌가 한다. 일각에서도 경제정책의 실패를 반성을 해야 하는 상황에서 성공했다고 이야기하는 것은 아마도 성공을 판정하는 기준이 일반 국민들과는 다른 것 같다는 비판을 하고 있다. 냉엄한 경제 현실과 다른 '경제의 성공'을 믿는 사람이 있다면 그 사람은 아마도 보고 싶은 것을 보려는 확증편향의 인식을 하는 사람일 것이다.

이런 사람들은 대체로 자기편이 아닌 사람의 주장은 꼼꼼하게 약점을 찾아 비판하고 인정하지 않지만 자기편이 내세우는 주장은 자기편이라는 이유 하나만으로 수용하는 부류의 사람이다.

현 정부가 시작하면서 검증되지 않은 정체불명의 정책을 기세 있게 추진하였지만 그들의 기대와는 달리 성과를 전혀 내지 못하고 5년임기 중 불과 2년 만에 우리경제를 어렵게 만든 것은 주지의 사실이다. 그럼에도 불구하고 대통령이 우리경제를 성공한 것으로 판정한 것은 다른 뜻이 있지 않았나 하는 생각이 들며, 앞으로 남은 임기 3년간에도 우리 경제를 지난 2년간 어렵게 한 경제정책을 지속하겠다고 천명한 것으로 해석할 수 있다. 지난 4~월 시민단체 및 원로들과의 일련의 간담회에서 문대통령은 경제정책실패의 대명사가 된 소위 소득주도 성장정책이'족보 있는 정책'이며 지속할 것으로 언급하였다고 보도된 것을 보더라도 실패한 정 책을 조정할 생각은 처음부터 없었던 것 같다. 세상일이 당초 생각한 대로 진행되는 경우는 없다. 모든 일이 제대로 성과를 내려면 일을 진행하는 중간 중간 당초 생각하지 못하였던 요인들을 냉정하고 객관적으로 평가하여 조정해나가야 한다는 것은 너무도 당연한 세상의 이치이다.

안타깝게도 문대통령의 '우리 경제 성공' 발언이 있은 지 한 달도 지나지 않은 시점에 한국은행은 한국은행은 2019년 1분기 경제성장률을 마이너스 0.4%로 발표하였다. 10년만에 마이너스 성장이다. 성장의 기반이되는 설비투자나 건설투자가 크게 줄어들었고, 수출의 존도가 높은 우리나라에서 수출이 크게 감소하면서 올해 4월 경상수지가 7년만에 적자로 전환되면서 비상이 걸렸다. 우리경제규모보다 10배이상 큰 미국의 경제성장률이 같은 기간에 우리보다 압도적으로 높은 3.2%이고, 일본, 유럽의 경제도 나름대로 호전되고 있는 것과는 대조적이다.

미중무역분쟁으로 대외무역환경이 급격히 악화되고 있고, 미래를 대비하는 4차산업혁명의 핵심기술개발 등의 준비가 미흡한 상태에서 우리 경제는 이제 추락하는 단계에 진입하고 있고 이를 극복하지 못하면 자칫 경제위기를 맞게 될 수도 있다는 비관론이 시중에 확산되고 있다.

　미중간의 무역분쟁이 패권경쟁으로 확산될 가능성이 높은 국면에서 우리는 자칫 우리의 운명을 외세가 결정했던 조선조 말의 상황이 다시 오지 않나 불안한 마음이다. 현 정부의 지난 2년간의 잘못된 정책으로 경제만 악화된 것이 아니다. 북한 편향적 외교안보 정책으로 인하여 위기 시 우리를 도와줄 나라가 사라지고 있다는 안타까운 심정이다. 우리 경제가 큰 성공을 거두고 있다는 확증편향인식에서 벗어나 모든 국민들이 우리나라가 한반도를 둘러싼 패권경쟁에서 생존하여야 한다는 절체절명의 의식을 갖고 방안을 찾아내도록 단결해나가야 할 때이다.

경제발전을 가로막는 위선 정치 [애플경제 2019.09.19]

제2차 세계대전 이후에 대한민국처럼 비약적으로 경제를 발전시켜 자유민주주의를 정착시킨 나라는 없다. 보다 잘 사는 나라를 만들겠다는 목표를 달성하기 위하여 국민들의 단합된 의지를 끌어내는 데 성공한 리더십이 있었던 것은 그야말로 나라의 행운이었다. 북한의 남침으로 시작되었던 6.25로 수백만 명이 죽고 경제는 피폐해졌지만, 역설적으로 신분계급이 사라지는 결과를 낳아 모든 국민들이 나도 열심히 노력하면 상류층으로 올라갈 수 있다는 희망을 안겨주었다. 이러한 국민의 의욕을 통합시켜 경제발전에 매진한 결과 우리나라는 세계에서 가장 역동성있는 나라가 되었고, 원조를 받던 가난한 나라가 원조를 주는 나라로 변신하는 신화를 만들어 낸 우리의 경제발전 경험을 배우려는 나라들이 늘어가고 있다. 그런데, 문재인 정부 집권한지 불과 2년 남짓 동안, 대한민국이 순식간에 '한번도 경험하지 못한 나라'로 추락하고 있는 것은 정말 놀라운 일이다. 선진국에서는 이미 사라진지 오래인 좌파사회주의 이념을 '공정과 정의'로 포장하여 반시장적인 경제정책을 취한 결과이다. 세계가 높게 평가하고 있는 과거 우리나라의 경제발전성과를 특정계층이 독점하고 있는 것처럼 폄하하여 경제의 부가가치 창출에 기여한 기업과 가진 자들에 대한 증오심을 일으키면서 사유재산권을 지속적으로 침해하고 있다. 블룸버그 통신은 2019년9월15일자 부패한 억만장자보다 나쁜 것은 바로 사회주의 라는 제목의 칼럼에서 사회주의 정책을 옹호하는 한국내 엘리트 계층인 강남좌파가 한국주식의 투자리스크로 작용하고 있다고 평가하면서 심지어는 부패한 정부 관료보다 더 나쁘다고 하고 있다. 공정과 정의의 화신인 것처럼 행세하는 탐욕스러운 강남좌파들이 그들이 비판하는 자본주의의 온갖 혜택은 독점하면서 반시장적 사회주의 정책을 옹호하고 있어, 주식투자가에게 손실을 안기고, 상위층으로 올라가는 사다리를 걷어차면서 가난한 사람들을 계속 하층민으로 머무르게 하고 있음을 비판한 것이다. 평등사회를 주장하던 사회주의자들이 집권에 성공하면 그들만의 특권 계급을 만들고 저항세력을 무자비하게 숙청한 것은 북한이나 중국, 과거 소련 공산체제에서 흔히 일어난 일이다.

일찍이 공자님은 "달콤한 말을 하고 보기 좋게 표정을 짓는 사람들 가운데 어진 사람은 드물다(巧言令色, 鮮矣仁)"고 말씀하셨다. 어쩌면 21세기 대한민국의 문재인정부에서 벌어지는 일을 정확히 지적해 내셨는지 놀랍다. 문 정부는 '기회는 평등할 것이고, 과정은 공정할 것이며, 결과는 정의로울 것'이라는 '달콤한 말'을 쏟아 내었지만, 정의를 독점하던 사람들의 추악한 행실이 백일하에 드러났기 때문이다. 최근 정의를 지켜야 하는 부처인 법무부의 장관으로 임명된 자가 그동안 수없이 한 정의로운 '달콤한 말'을 하면서 불의를 저지른 것이 속속히 밝혀지고 있다. 능력이 떨어지는 자녀를 위한 각종 서류 조작 의혹, 금융 부채 면탈, 사립학교 비리의혹, 사모펀드 불법 운영 의혹 등 양파껍질처럼 계속 터져 나오는 의혹을 보는 국민들은 스스로의 상상력이 부족함을 실감하고 있다. 더 한심한 것은 이러한 자를 말도 안되는 논리로 옹호하는 일련의 무리들이다. 이들은 모두 말로는 사회정의를 외치지만 사실은 불의와 불공정을 바탕으로 남의 기회를 빼앗아 특권계급인 용이 되려는 자들임이 드러났다. 말과 행동이 전혀 다르고 선과 악의 기준이 뒤바뀌어버린 '내로남불'의 위선자들이 권력을 사유화하면서 그들만의 천국에 들어갈 기회가 박탈된 서민 대중들은 감히 용이 될 생각을 하지도 못하게 만들었다. 신분계급의 철폐가 경제발전의 중요한 원동력이 되었던 나라에서 사회주의의 새로운 계급이 만들어지고 있는 상황이다.

현 정부가 노조 편향적인 반시장적 경제정책으로 저소득층의 일자리를 잃게 해 놓고도 정책이 성공하고 있고, 올바른 방향으로 가고 있다고 주장하는 것을 보면서, 이제 우리국민들은 이들이 '콩으로 메주를 쑨다'고 말해도 믿지 않을 정도로 정부를 신뢰하지 않게 된 것 같다.

신뢰를 기반으로 하는 사회자본이 거래비용의 감소와 경제협력의 강화에 기여함으로써 경제성장에 긍정적인 영향을 미친다고 한다. 한국의 사회 신뢰도가 북유럽 국가 수준으로 높아지면 성장률이 1.5% 포인트 정도 오를 것으로 분석한 연구(상공회의소)가 있다. 반면, 사회의 신뢰도가 급격히 추락하면 원활한 경제활동을 저해한다. 타인을 신뢰한다고 응답하는 사람의 비율이 10% 떨어질 경우 경제성장률은 0.8%가량 낮아진다는 연구 (김정훈 외)가 있다.

우리나라는 이미 신뢰, 규범, 네트워크 등 사회적 자본이 OECD 국가 중 매우 낮은 수준인 나라임에도 편 가르기를 하면서 국민들의 통합을 저해하는 현 정부의 리더십으로 사회구성원의 신뢰도가 크게 낮아지고 있다. 정부의 포퓰리즘 정책으로 기업들은 인건비 급상승, 이익하락, 과중한 세금 등에 시달리면서 의욕을 상실하고 기업을 매각 또는 폐업하고 있다. 반시장정책으로 '황금알을 낳는 거위'를 잡는 일이 벌어지고 있는 것이다. 이미 성장잠재력이 1%대로 낮아지고 있는 상황에서 신뢰를 상실한 정책이 지속되면 우리 경제는 위기 내지는 일본의 '잃어버린 20년'을 맞을 가능성이 높다고 보는 의견이 많다. '가혹한 정치는 호랑이보다 무섭다'는 공자님 말씀이 다시 생각나는 현실이 서글프다.

길어도 좋은 임금님 귀 [디지털타임스 2019.06.09]

한나라의 최고권력자인 왕의 신상 명세나 일정 등은 예나 지금이나 특급비밀이었던 것 같다. 절대 독재국가일수록 더 심한 데, 북한의 김정은이 미국 트럼프와의 회담 시 싱가포르, 하노이에 갔을 때 머리카락이나 심지어 담배꽁초 등 신체와 관련된 흔적을 모조리 수거해 갔다는 보도를 보니 그런 것 같고, 고대 그리스, 페르시아와 신라에서의 '임금님 귀는 당나귀 귀'라는 설화를 보아도 그런 것 같다.

고대 설화에서는 임금님 귀가 당나귀 귀라는 특급비밀을 알게 된 이발사나 모자 만드는 사람의 처지를 묘사하고 있다. 비밀을 유지하지 않으면 죽을 수밖에 없는 이들이 참다가 병이 도져 죽게 될 것 같아서, 혼자 대나무 숲에 가서 '임금님 귀는 당나귀 귀'라고 외쳤고, 이후 바람만 불면 이 소리가 울려 모든 사람이 알게 되었다는 내용이다.

절대권력 시대에 왕은 신의 반열에 있다. 신과 같은 존재인 왕이 멍청이로 상징되는 하찮은 동물에 불과한 당나귀의 귀를 가졌다는 뉴스는 백성들의 왕에 대한 시각을 상징적으로 보여준다. 또한, 아무리 절대권력이라고 하더라도 요즈음 권력자들이 흔히 쓰는 '가짜뉴스'라는 용어로 엄연한 사실을 영구히 막을 수 없다는 교훈을 준다. 더구나, 1인 미디어가 발달된 현대에서는 더욱 그렇다. 사실을 솔직하게 인정하고 국민과 함께 해법을 찾는 것이 중요하다.

그런데 이 설화는 후반부에 반전이 일어난다. 우리나라의 삼국유사에서는 신라 말기 48대 경문왕이 왕위에 오른 이후 이러한 이야기를 기록하면서, 대나무 숲에서 이 비밀이 폭로된 후 대나무를 베어버리고 백성들에게 귀중한 한약재로도 쓰이는 산수유를 심자, 바람이 불 때 나오는 소리가 "우리 임금 귀는 길다"로 바뀌었다고 한다.

왕을 비하하는 '당나귀 귀'가 빠진 것이다. 다른 나라의 설화에서도 '왕이 커진 귀로 백성의 소리를 잘 들으라는 소리로 깨닫고 약점으로 생각했던 자신의 길어진 귀를 편히 내놓으면서 백성의 소리를 들어 훗날 성군의 소리를 들었다'(나무위키)고 한다. 절대 권력자인 왕이 약점이라고 생각했던 부분을 더 이상 숨기지 않고 백성들에게 다가가는 모습을 보여주었기 때문으로 해석된다.

최근, 대통령은 취임2주년 기념 대담에서 우리 경제가 성공하였다고 하면서 이른바 '족보 있는 경제정책'을 계속 추진하겠다고 하였다. 그러나 유감스럽게도 우리 경제는 추락하고 있음을 보여주는 성적표가 대담이 끝난 지 얼마 되지도 않아 드러났다. 한국은행은 올해 1분기 경제성장률이 10년 만에 마이너스로 추락하였다고 발표하였다. 또한, 수출로 먹고 사는 나라임에도 수출이 5개월째 감소되면서 올해 4월에는 경상수지가 5년 만에 적자로 전환되었다고 한다. 일자리 정부를 표방한 정부가 역대 보기 드물게 세금을 수십조나 기세 좋게 썼음에도 실업률과 실업자 수는 사상 최대를 기록하고 있다. 일자리 창출의 주체인 기업을 억누르고 노조 편향적인 경제정책을 추진한 결과이다.

사회적 약자 계층의 일자리가 우선적으로 사라지면서 하루 벌어 하루 먹고 사는 저소득층이 직격탄을 심하게 맞으면서 소득 양극화가 심화하고 있다. 최저임금이나 주52시간 등의 정책으로 인하여 발생된 민간기업의 임금 부족분을 국민이 피땀 흘려 낸 세금에서 보전해 주고 있다. 경쟁력이 떨어지고 있는 기업들이 생존을 위하여 기업을 재편하려는 노력을 노조가 불법적으로 방해하는 데도 정부는 모른 척하는 일이 일상화했다. 기업하기가 어려워지자 많은 기업들이 폐업이나 해외로 나가면서 일자리는 더욱 줄어들어 일자리정부를 표방한 현 정부는 불과 2년 만에 '일자리를 줄이는 정부'가 되었다.

그럼에도 불구하고, 대통령이 우리 경제가 성공했다고 규정한다면 이미 경제가 망가진 비밀을 아는 국민들은 대나무 숲에라도 가서 '임금님 귀는 당나귀 귀' 라고 호소하여야 할 판이다. 그런데, 이 비밀을 아는 사람들이 벌써 대나무 숲에 가서 이야기 했는지 바람이 조금만 불어도 '경제가 망가지고 있다'는 소리가 우리 사회에 울려 퍼지고 있는 것 같다. 이제는 굳이 대나무 숲까지 가서 바람이 불기를 기다리지 않아도 이 소리를 듣게 되는 실정이다.

현 정부는 우리가 지난 70여 년 동안 쌓아온 경제적 성과를 불과 2년 만에 망가뜨리는 데 성공했다. 국민들은 이대로 가다가는 우리나라가 경제뿐만 아니라 외교안보 면에서도 생존하기가 쉽지 않다는 비밀을 이미 알고 있다. 신라 경문왕이 대나무 숲을 산수유 숲으로 바꾸는 등 진정으로 모든 국민을 위하는 정책을 취하자 멍청이를 상징하는 '당나귀'가 빠진 것을 기억하자. 자기편 만이 아닌 모든 백성의 소리를 잘 들으려면 당나귀의 귀가 아니라 길고 긴 임금님 귀가 좋다는 것은 예나 지금이나 마찬가지다.

국민을 통합시키는 숫자 경영의 필요성 [애플경제 2019.10.04]

 인간이 사회생활을 하는 데 있어 추상적이면서도 가장 기초적인 개념의 하나가 수(數)와 이를 표기하기 위한 기호인 숫자이다. 사람이나 물건의 양을 세거나 크기, 순서 등의 값을 숫자로 나타냄으로써 자기 자신은 물론 주변의 현황을 일목요연하게 알 수 있고 다른 사람에게 손쉽게 전달할 수 있으며, 가치가 객관화됨으로써 시장에서의 거래를 촉진한다. 즉, 자기 가족의 구성원이 몇 명인지 부터 시작해서 자기가 가지고 있는 재산의 종류와 가치는 얼마나 되는 지, 기업을 운영하는 경우에는 기업경영 상태가 어떠한 지, 나라의 경우에는 국토의 면적과 국민의 수는 얼마인 지, 국민의 지지도는 어떠한 지 등 다양한 현황을 손쉽게 파악할 수 있도록 역할을 하는 것이 數와 숫자이다. 역사적으로 보더라도 많은 나라들이 군사력 확보 및 세금 징수 등의 목적으로 인구조사, 토지 조사 등의 조사를 실시하여 현황을 파악하여 왔고, 국민이 주인인 현대국가에서는 국민들의 의견을 다양한 방법으로 파악하려고 노력하고 있다. 매사가 그렇듯, 현실을 정확히 파악하여야 제대로 된 의사결정을 할 수 있는 것인 만큼 인간의 모든 생활영역에 있어 현황을 알려주는 數의 역할은 매우 중요하다.

 숫자에는 숫자를 만든 사람의 책임이 뒤따른다. 기업의 경영성과를 측정하여 발표하는 회계학이 영어로 Accounting이 된 것은 account에는 '설명하다, 보고하다'는 뜻 외에 책임을 지다는 뜻도 같이 있기 때문이다. 이는 중세 유럽에서 자산가들이 위탁한 재산을 운용하는 관리인이 자산가들에게 재산운용현황을 보고하고, 내용에 책임을 졌기 때문이라고 한다. 현대에 들어와 시장경제가 크게 발달하면서 數의 중요성은 더욱 커지고 있다. 시장경제의 핵심인 기업의 경영상태를 숫자로 알려주는 회계자료들은 기업을 둘러싸고 있는 이해관계자들의 판단에 큰 영향을 미치기 때문에 '일반적으로 인정되는 회계기준'을 지키도록 강제한다. 그렇지만, 실적의 압박을 받는 기업의 경영자들은 회계숫자를 아름답게 보이려고 화장하는 이른바 '분식회계(粉飾會計)'를 감행하는 사례가 많다. 2001년 미국의 에너지기업 엔론의 대규모 손실(15억달러) 은폐사건 등으로 인한 파산, 2015년 대우조선해양의 5.7조원규모 분식 등 이러한 회계부정은 투자자와 채권자들의 건전한 판단을 그르치게 하고, 나아가 국가경제에 막대한 피해를 끼치기 때문에 이를 근절하기 위하여 관계 당국은 지속적으로 노력해 오고 있다.

정치 사회분야에서도 이렇게 의도를 가지고 숫자를 왜곡하여 국민에게 영향을 미치려는 행위가 끊이지 않고 있음은 참으로 유감스럽다. 사람들은 표현되는 숫자에 매이는 경향이 있기 때문에 합리적인 근거없이 숫자를 제시하거나 조작하려는 것은 기업의 '분식회계'와 같이 큰 손실을 숨기는 무책임하고 위험한 정치선전이다. 발달된 인터넷을 활용하여 허위사실로 여론을 조작하려는 시도가 다양하게 이루어지고 있다. 대통령선거에서의 여론조작사건인 '드루킹 사건' 등이 재판 중에 있고, 특정주제를 실시간 검색어 1위로 올려놓으려는 조작행위가 보도된 적이 있다. 최근 시국관련 대규모시위 참가 인원수와 관련하여서도 공방전이 치열하다. 9.28 서초동에서 있었던 소위 '조국 수호' 집회 참가인원수를 어느 당의 인사가 합리적인 근거 없이 200만명이라고 주장하였다. 그런데, 당시 서울 지하철 교대역과 서초역에서 내린 사람은 10만2천명에 불과하고, 집회장소의 면적등을 감안해 볼 때 어떻게 그러한 숫자가 가능하냐는 반박을 당하자 슬그머니 숫자가 중요하지 않다며 물러섰다. '아니면 말고 식'의 무책임한 발언이 아닐 수 없다. 또한, 지속적으로 발표되는 국정지지도 조사의 결과에 의문을 제기하고 있는 사람이 너무 많아지면서 공정해야 하는 여론조사마저도 논란의 대상으로 전락하고 있다.

현실을 무시하고 자기 나름대로의 안경을 쓰고 있을 때 제대로 된 현실을 볼 수 없다는 것은 너무나 당연하다. 조선시대 임진왜란 직전 일본의 동향을 파악하러 다녀온 사람들이 일본의 침략의도에 대하여 상반된 보고를 하자, 침략의도가 없다는 당파적인 결정으로 결국 국민만 피해를 본 역사가 되풀이 되어서는 안 된다. 회계학계가 분식회계를 방지하려고 오랫동안 노력해온 것처럼 국민의 여론이 정치적으로 왜곡되지 않도록 국민의 대표인 국회가 '일반적으로 인정된 기준'을 마련해야 할 것이다. 지금은 당파의 이익을 뛰어넘어 네 편 내편으로 갈라진 국민을 통합시키는 것이 진정으로 나라를 생각하는 길이며, 통일의 기반이 될 것이다.

통합과 배려의 리더십이 절실하다 [서울신문 2015.11.30]

1900년대 초반, 일본의 침략이 본격화되는 시기에 만들어진 애국가는 일본의 침략을 막을 수 없었던 조선이 하느님께 '하느님이 보우하사 우리나라 만세'를 외치면서 도움을 구하는 소망을 담고 있다. 애국가의 간절한 소망은 비록 바로 이루어지지는 않았다. 그렇지만 이후 우리나라가 일본의 식민지 지배와 전쟁의 폐허를 거치면서 세계 빈곤국 중 하나로 전락하였음에도 이를 비교적 단기간에 극복하고 성공한 것은 선조들의 애국심 덕분이 아닌가 한다.

제2차 세계대전 이후 식민지 지배에서 벗어난 나라들이 많지만 우리처럼 아무런 자원이나 산업기반이 없으면서도 이렇게 발전한 나라를 찾아보기는 어렵다. 우리는 인적 자산을 중요시해 왔으며, 위기 때마다 국민들이 응집하는 장점이 있었기 때문이다. 이러한 요인들이 국가 발전을 이루겠다는 리더십과 어우러져 시너지 효과를 일으키면서 우리 국민들에게 미래에 대한 기대와 희망을 갖게 하였다. 그 결과 이제는 외국으로부터 부러움과 배움의 대상이 되고 있는 나라로 바뀐 것은 우리 모두의 커다란 업적이다.

그런데 최근 우리의 미래를 비관적으로 보는 사람들이 점차 늘어나고 있는 것 같다. 조선, 철강, 석유화학 등 우리의 주력산업이 중국 등 후발국의 추격으로 어려움을 겪고 있고 기업의 수익성도 크게 약해져서 이자도 제대로 못 갚는 기업이 늘고 있다. 그러나 기존 산업을 대체할 새로운 산업은 아직 정착되지 않다 보니 일자리에 대한 근심이 커지고 있기 때문일 것이다. 경제발전과정에서 나타난 사회 양극화 현상이 심화되는 추세이고, 저출산 고령화 현상이 현실로 다가오면서 성장 잠재력과 일자리 창출 능력은 더 저하되고 국가의 부담은 더 커지고 있다. 살기가 어려워졌다고 생각하는 계층이 늘면서 사회에 대한 불만이 다양한 형태로 표출되고 있어 국가의 미래정책에 대한 국민적 합의도 잘 이루어지지 않는다. 심지어 하나의 현상을 놓고 상반된 해결 방안이 제시됨에 따라 신속한 타협이 어려워져 사회적으로도 큰 비용이 발생한다. 마치 임진왜란 직전 일본에 다녀온 사신들이 각기 상반된 보고를 하여 혼선을 빚은 역사가 되풀이되지 않을까 하는 걱정도 든다.

최근의 급격한 환경의 변화는 과거와는 질적으로 크게 다른 것 같다. 정보기술(IT)이 다른 산업을 지원하던 차원을 넘어섰다. 이제는 IT업체가 다른 산업의 제품인 시계, 자동차, 결제지불수단을 직접 만들겠다고 하니 기업 간 경쟁의 양상이 과거처럼 산업 내 기업 간의 경쟁이 아니라 산업 간의 경쟁으로 바뀔 가능성이 있어 대응 전략도 과거와는 판이하게 달라야 하는 상황이다. 또한, 자유무역협정(FTA), 환태평양경제동반자협정(TPP), 중국의 주요 2개국(G2) 부상 등 세계적인 환경변화 요인이 커지는 상황에서 무역 의존도가 높은 우리나라는 생존을 위해서도 이러한 변화에 신속하게 대응해야 하는 과제를 안게 되었다. 과거 급속한 경제발전과정에서 정립하였던 시스템들을 새롭게 변화된 환경에 맞추어 재편하여야 함은 물론 소외된 계층의 불만을 보듬어 나가는 노력을 지속해 나가야 미래를 향한 구체적인 실천 방안에 대한 국민적 합의를 이끌어 낼 수 있을 것이다.

그런데 이러한 일들은 사실 쉽지 않다. 사공은 많지만, 배가 산으로 가지 않고 순항하도록 하는 어려운 일인 것이다. 집단이나 계층 간의 이해관계가 과거보다는 훨씬 더 복잡다단하게 얽혀 있어 공동의 미래를 같이 설계하도록 하는 통합의 리더십이 우리 사회에 절실하다. 다양성을 포용하면서 미래를 향해 나가는 통합과 배려의 리더십은 열린 마음을 가지고 리더십 과정에 적극적으로 참여할 때 이루어질 것이다.

진정한 리더십에는 남을 이끄는 역할뿐만 아니라, 대의를 위하여 리더를 존경하고 겸허히 협력해나가는 팔로십의 자세도 포함된다. 우리의 과거 경제발전도 사실 무일푼에서 어렵지만 서로 힘을 합쳐 극복해 나가는 열린 마음의 자세를 가졌기 때문에 이룩한 성과이다. 지금 우리가 처한 상황이 그때보다 나쁠 수는 없다.

통합과 배려의 리더십이 잘 구현되어 국가의 백년대계를 내다보는 새로운 시스템을 만들고 이를 통해 우리나라가 '하느님이 보우하는' 나라라는 자부심을 느끼게 하는 나라가 되기를 바라는 마음 간절하다.

제2의 무역입국을 꿈꾸며 [서울신문 2015.07.02]

우리나라는 1960년대 수출주도형 성장 전략을 추진하면서 철광석·텅스텐 등 가공하지 못한 광물자원, 김·오징어 등의 1차산품, 직물·합판 등의 빈약한 수출 품목으로도 1964년 국민총생산 30억 달러인 나라에서 수출 1억 달러를 달성했다. 이후 50년이 지난 2014년에는 수출 5731억 달러, 수입 5257억 달러로 474억 달러의 무역수지 흑자를 기록하면서 4년 연속 1조 달러의 무역 규모를 달성하는 놀라운 성공을 거뒀다.

우리나라가 1960년대 남미나 아시아의 신생국들이 채택했던 수입대체형 경제발전 전략과 달리 '무역입국'이라는 기치 아래 수출주도형 전략을 추진한 것은 특이하다. 제2차 세계대전이 끝나고 독립한 대부분의 신생국들은 이렇다 할 산업 기반이 없어 수출을 통해 경제를 발전시킨다고 생각하기는 어려웠을 것이며, 식민지 종주국 등에서 들여올 수밖에 없었던 공산품들을 대체하는 수입 대체 전략이 진정한 독립을 이루고 싶은 국민 정서에도 부합한다고 보았을 가능성이 높다. 그런 점에서 천연자원도 없고, 그나마 있던 산업시설도 6·25전쟁으로 파괴돼 수출할 만한 산업 기반도 없던 나라가 수출주도 전략을 채택해 1인당 국민소득이 100달러도 안 됐던 세계 최빈국을 3만 달러에 육박하는 나라, 원조를 받던 나라를 원조를 주는 나라로 변신시킨 것은 세계 경제사적으로도 매우 의미 있는 사건이다.

'제1차 무역입국' 목표를 성공시킨 밑바탕은 무엇일까. 당시의 비교적 순조로운 세계무역환경, 중국의 폐쇄 정책으로 인한 강력한 라이벌 부재 등의 대외적인 여건을 들 수 있다. 국내적으로는 식민지와 6·25전쟁으로 계급 사회가 붕괴되면서 사회계층 간 이동성이 확대돼 신분 상승과 새로운 부를 이뤄 보겠다는 국민들의 의지가 강력했다. 자녀 교육을 통한 계층 상승의 열망이 교육열로 연결되면서 많은 인재를 육성하고 확보할 수 있었던 점도 중요하다. 이러한 국내적 요인을 유기적으로 결합시켜 국민들에게 미래 비전을 심어 주고 세계를 향해 개방적이고도 진취적인 자세를 취할 수 있게 만든 지도력의 역할이 매우 크다 하겠다.

짧은 기간에 해외 자본을 적절히 활용해 도로·철도·항만 등의 인프라를 구축하고, 철강·조선·전자·화학 공업 등의 새로운 산업을 창출하면서 세계 시장에서 통할 수 있는 품목을 개발해 시장을 개척하려고 노력한 결과 많은 성공 사례를 만들 수 있었다. 성공적으로 기업을 키워 낸 사람들은 수많은 젊은이들의 우상이 되면서 우리 사회 내에서 기업하겠다는 의지가 크게 확산될 수 있었다. 오랫동안 묻혀 있던 우리 기마민족의 기질이 전 세계를 상대로 하는 무역에서 나타난 것이다.

우리는 세계로 나아가지 않으면 살아갈 수 없는 나라가 됐다. '제2의 무역입국'이 우리의 생존에 필수적인 조건이 된 것이다. 그런데 요즈음에는 우리가 과거에 성공했던 요인이 더이상 작동되지 않는 것 같은 우려가 생기고 있다. 잠자고 있었던 중국의 깨어남과 비상 (飛上), 아베노믹스를 앞세운 일본의 경쟁력 복원 등 대외 여건이 불리해지면서 강력한 경쟁 상대와의 경쟁에서 살아남아야 하는 도전에 직면하고 있다.

우리나라는 외환위기를 겪은 이후 과거의 도전적이고 미래를 위해 노력해 가는 정신보다는 안정성을 중시하면서 해외 진출에 소극적으로 변하고 있다. 산업 환경의 변화로 인해 직업 및 소득창출 능력이 저하되고, 사회 전반적으로 계층 간 이동성이 약화되면서 미래를 비관하는 계층이 크게 늘고 있다. 이에 따라 표출되는 다양한 이해관계를 조정하는 게 쉽지 않다. 국민적 콘센서스를 도출해 내는 것이 점점 더 어려워지고 있다.

세계 경제사는 모험심을 갖고 밖으로 진출한 나라들이 성공하고, 무역을 금하거나 억제한 명·청조의 중국이나 후기 조선처럼 대외 문을 닫았을 때 생존이 어려웠음도 가르치고 있다. 현재의 무역 환경은 창조적 기술력을 기반으로 하는 전략 제품의 개발 및 제조, 유통 등의 글로벌 전략을 요구하고 있어 기술력 있는 기업들과의 상생협력, 인재 육성, 각종 협정 등 무역지원제도 적극 활용 등이 주요한 과제가 되고 있다.

이러한 과제들이 전략적으로 추진돼 과거 50년 동안 이룩했던 '무역입국'을 다시 한 번 이룰 수 있도록 해야 한다. 모두 합심하면 우리 경제의 재도약은 이루어질 수 있다.

분노의 시대를 넘어서 [서울신문 2012.03.05]

    모바일 인터넷 환경의 구축과 스마트폰의 보급으로 과거 소수의 생산자로부터 대중으로 이어지던 정보의 일방적 흐름이 다원화됐다. 정보 유통환경의 변화는 정보의 양을 비약적으로 증대시킨 것은 물론 각계각층 다양한 목소리의 원활한 소통도 가져왔다. 그러나 무수한 정보가 수많은 매체를 통해 검증 없이 흐르면서 오히려 정보 자체의 신뢰도가 낮아지고 있다는 우려도 나오고 있다.

    실제로 한국인터넷진흥원의 조사에 따르면 인터넷 이용자의 57.7%가 허위 사실 유포 경험이 있고, 이른바 인터넷상의 개인 신상 털기, 막말 등도 위험수위에 달했다. 특히 최근에 있었던 음식점 임신부 폭행 사례에서 보듯 사적인 영역에서도 정확한 사실 관계의 파악 없이 일방의 주장과 비난이 무책임하게 오가는 현상이 빈번해지고 있다.

    요즈음 이러한 일들이 유독 많은 이유는 우리의 삶이 그만큼 힘들어지고 있어서가 아닌가 한다. 우리 사회의 경쟁 강도는 높아지고 있는 반면 경쟁에서 탈락하거나 소외된 자에 대한 배려심은 줄어들고 있다. 대학진학만을 목표로 하는 과도한 입시경쟁이 학교생활의 긴장감을 높여 학교폭력의 원인으로 작용하듯이, '경쟁제일주의'는 사회 전반에 불만과 불안을 높이고 있다. 이에 따라 '분노의 시대'라는 말이 나올 정도로 요즘 사회 구성원들은 서로에 대해 전투적으로 변해 가고 있는 것이다.

1960~70년대 산업화 시대에는 전략적으로 육성된 수출산업이 일자리를 창출하고 내수를 활성화해 절대 빈곤의 처지에 있던 국민의 삶을 비약적으로 개선시켰다. 이 시기엔 국가 경제의 발전이 자연스레 개인 삶의 질 향상으로 이어지는 선순환 구조가 사회와 타인에 대한 불만을 상당 부분 상쇄한 것이다.

반면 지금의 상황은 과거에 비하면 녹록지 않다. 1990년대 후반부터 대기업의 고용탄력성이 떨어지면서 대기업의 성장이 고용으로 이어지지 않고 있다. 최근 10년간 대기업 고용인원이 49만명 수준으로 줄어드는 동안 중소기업은 347만명을 채용했다. 전체 고용에서 중소기업이 차지하는 비중이 높아지고 있는 실정이지만 내수산업과 수출산업, 중소기업과 대기업 간 격차는 날로 커지고 있다. 이에 따라 고용을 통한 소득분배에 있어서도 양극화 양상이 벌어지고 있는 것이다.

여기에다 가계소득이 감소추세에 있음에도 불구하고 교육비 지출은 지속적으로 늘고 있다. 우리나라의 공교육 지출은 국내총생산(GDP)의 7.6%, 사교육비 지출은 3%로 추정되는 등 경제협력개발기구(OECD) 국가의 최상위권에 속한다. 하지만 높은 수준의 교육을 받고도 일자리를 구하지 못한 청년이 한둘이 아니다. 노후 자금을 자녀 교육비로 다 써 버린 부모세대는 한숨을 내쉬고 스펙 짱짱한 젊은이들을 두고도 기업들은 적절한 인재를 확보하기 어렵다고 아우성이다. 모두가 다 현재에 대해 불만과 분노만을 느낄 뿐이다.

이같은 상황을 해결하기 위해서는 과거와 같은 선순환 구조를 되찾는 노력이 필요하다. 우선 과도한 지출과 낮은 효율로 '분노의 대상'이 돼 버린 교육의 효율성을 제고해야 한다. 교육이 기술 중심의 중소기업육성과 청년층의 일자리 창출에 기여하는 희망의 사다리로 자리잡도록 관련 시스템을 정비해야 한다.

아울러 경쟁을 촉진하되 탈락자가 다시 한번 도전할 수 있는 기회를 제공해 주는 사회·경제적 안전판을 구축해야 한다. 지나친 경쟁에서 유발되는 사회적 긴장을 한결 낮출 수 있을 것이다. 또한 이는 시장경제 시스템을 건강하게 유지하는 데에도 유용하게 작용할 것이다.

누구나 서로 따뜻하게 격려하고 나누며 사는 세상을 꿈꾼다. 현재 실망스러운 우리의 모습에 대한 비난과 걱정보다는 그렇게 된 원인에 대해 차분하게 분석하고 작은 것부터 하나하나 고쳐 나가려는 노력이 필요하다. 공정하고 투명한 경쟁, 약자에 대한 배려가 살아 있는 행복한 우리 사회의 모습을 그려본다.

2. 시장경제시스템에 대한 直言

- 경제현실을 거꾸로 보는 문 대통령의 반전을 기대하면서
- 시장기능을 살리는 사회적 대타협이 필요하다
- 시장의 역습
- 시장 가격균형 메커니즘의 복원
- 시장경제시스템 다시 한 번 생각한다

2

시장경제시스템에 대한 直言

경제현실을 거꾸로 보는 문 대통령의 반전을 기대하면서

[애플경제 2019.10.18]

지난 5월과 9월에 문 대통령은 우리 경제는 '성공하고 있고, 고용 상황이 개선되는 등 어려움 속에서도 올바른 방향으로 가고 있다'고 언급하면서 대통령이 경제현실을 제대로 인식하고 있나 하는 의구심을 불러일으켰다. 현실에서는 수출주도로 성장을 해 온 우리 경제의 수출이 이미 10개월째 하락하면서, 세계 10대수출국 중에서 1위라는 반갑지 않은 소식이 언론의 지면을 차지하고 있다. '일자리정부'를 표방한 문 정부가 출범하면서 2년여 동안 취한 각종 사회주의 경제정책의 여파로 기업이 적대시되고 임금이 급격히 인상되면서 기업의 경쟁력은 크게 약화되었다. 특히, 경쟁력이 취약한 자영업과 소기업이 버티지를 못하면서 서민층의 일자리가 중점적으로 사라졌고, 많은 실업자들은 정부의 보조금 등 공적이전소득에 의존하는 신세로 전락하였다. 산업의 중추인 제조업과 금융업에서의 일자리는 지속적으로 줄어드는 등, 올해의 실업자 수가 한 때는 130만명이나 되면서

1997년 IMF외환위기 이후 최악의 수준으로 늘어났다. 미래를 책임져야 할 청년층의 실업률도 10%대를 치솟으면서 이 땅의 많은 젊은이들이 미래에 대한 희망을 잃어버리고 있고, 미래를 비관하는 층이 늘어나면서 우리의 출산률이 0.98이라는 부부2명이 아이 1명조차도 안 낳는 현상까지 나타나고 있다.

 그런데도 우리 경제가 성공하고 있다는 식의 발언에 놀랄 수 밖에 없었는 데, 이 발언이후 얼마 지나지 않은 10월에 한국은행은 우리 경제가 투자부진 및 소비 약화로 올해 7월 전망한 성장률 2.2%를 밑돌 것으로 예상된다고 설명하면서 기준금리를 역대 최저수준으로 인하하였다. 다음날에는 우리 경제가 성공이라고 하던 대통령이 경제부총리가 해외출장 중임에도 경제장관회의를 소집하여, 세계경제가 낮은 성장률을 기록하여 우리나라 경기가 어려우니 재정지출을 확대해 경기를 보강하여야 한다고 하였다. 우리 경제가 부진함을 인정한 것이지만 부진한 이유가 세계 경제가 안 좋아서라는 것이다. 작년 세계경제가 좋았음에도 우리 경제만 부진하고 일본의 경우 구인난을 겪으면서 청년 실업이 사실상 사라질 정도로 경제가 나아진 이유가 무엇인지 설명을 듣고 싶은 심정이다. 또한, 나라의 곳간을 비우는 것도 모자라 막대한 부채를 지면서까지 재정지출을 늘린 정부가 계속 지출을 확대하겠다고 하니 이 많은 빚을 갚아야 하는 우리 후손들이 염려된다. 민간에서는 한정상속이라는 제도가 있어서 돌아가신 부모의 빚을 승계하지 않아도 되어 얼마 전에 그만 둔 조국 장관도 이를 활용하였다고 한다. 그러나 나라의 빚에 대하여는 이러한 제도가 없어 돈 구경조차 못한 후손들이 꼼짝없이 갚아야만 되니 걱정되지 않을 수 없다.

　문 정부는 '일자리 정부'라는 이름에 집착하면서 일자리사업 예산에 내년 예산안까지 포함하여 무려 100조원의 재정을 투입하였음에도, 문 대통령이 기존의 재정지출 확대 정책을 재천명한 것은 재정확대로 고용상황이 개선되고 있다고 굳게 믿고 있기 때문일 것이다. 물론, 숫자상으로만 보면 올해 8월에 전년 동월대비 45만명이나 취업자가 늘어났고 실업률도 －1.0%p나 하락하였으니 이른바 '일자리정부'의 책임자로서 기분이 좋을 만도 하다. 그런데, 늘어난 취업자 내역을 보니 현역에서 은퇴한 60세이상의 연령층이 39만명이나 되고, 재정에 주로 의존하는 사회복지서비스업과 농림어업에서 크게 늘어난 반면 좋은 일자리로 분류되는 제조업과 금융업에서의 일자리가 지속적으로 줄어들면서 고용의 질은 계속 나빠지고 있는 것으로 나타났다. 따라서, 일자리가 늘어난 것은 누가 보더라도 재정지출을 확대하여 단기 일자리를 대거 늘린 결과로 해석 할 수 밖에 없다. 재정에 의존하는 단기 일자리는 지속적으로 재정을 투입하지 않으면 사라지는 신기루와 같은 일자리에 불과하고 효율성도 없는 것으로 평가받고 있다. 현 정부 들어와 재정은 '밑 빠진 독' 신세가 되었다. 또 경제가 지속적으로 하락하고 있음에도 재정지출을 계속 확대하여 단기일자리에 늘리는데 집착하는 이유는 단기일자리도 취업자 판정기준 중 하나인 '1주일에 1시간이상 일'하는 기준을 충족시키므로 실업률이 낮아지는 대국민효과가 있기 때문일 것이다.

어느 경제든 고용창출의 주역은 기업이다. 부가가치를 창출하는 경제적 조직이기 때문에 세계 모든 나라가 기업의 활동을 장려하면서 세금을 인하하고 기업가를 우대하는 것도 다 이런 이유 때문이다. 그럼에도 현 정부는 기업에 대한 세금인상 및 세무조사 강화 등 기업가의 의욕을 꺾는 일을 지속적으로 하여왔다. 국가가 민간의 경제활동에 과도하게 간섭한 나라의 경제가 망가진 역사적 사실을 직시하여야 한다. 문 대통령이 기업활동의 중요성을 뒤늦게 깨달았는지 삼성전자, 현대자동차 공장을 방문하고 있는 데 의례적인 행사로 끝나서는 안 될 것이다. 기업활동에 자유를 준 시장경제 덕분에 경제가 발전한 것임을 재인식하여 기존의 정책을 대전환하기를 기대한다. 기업도 경제가 발전하면서 사회적 책임에 눈을 떠야 하고 한 걸음 더 나아가 사회와 가치를 공유하는 수준에 이르도록 노력하여 우리 경제가 상생의 경제가 되기를 희망한다.

시장기능을 살리는 사회적 대타협이 필요하다

[애플경제 2019.02.25]

2018년의 경제성적표인 경제성장률이 전망치보다 크게 낮은 2.7% 를 기록하였다고 한국은행이 발표하였다. 이는 6년만에 최저치로서, 지난 정부와 실적을 공유하게 되는 2017년의 경제성장률 3.1%와 비교해 볼 때 매우 저조한 실적이 아닐 수 없다. 즉, 2018년 한 해는 지난 정부 탓을 할 수 없는 현 정부의 집권기간 중의 성적표이며 우리 보다 경제규모가 훨씬 큰 미국의 2018년 경제성장률 3.1%보다 훨씬 낮은 결과이다. 더 우려스러운 점은 올해 경제성장률도 2018년 실적치보다 낮은 2.5% 수준으로 전망하는 기관이 많아졌는데, 올해 세계경제가 지난해와 달리 미중무역전쟁 등 악화될 요인이 많아 성장 전망이 흐린 점을 감안 할 때, 이마저도 달성될 수 있을 까 하는 회의적인 의견이 많다.

이렇게 경제성장률이 낮아진 데에는 여러 가지 이유가 있다. 우리나라의 주력산업인 조선, 자동차 산업의 부진과 그나마 버티고 있던 반도체마저도 올해 1월 가격하락폭이 14.9%에 달하는 등 우리나라 기업경쟁력과 수익성이 크게 하락하고 있는 중이다. 급등하는 부동산 가격을 안정시키겠다는 일념 하에 추진된 각종 규제로 경제성장에 중요한 역할을 담당하는 건설부문의 투자가 급격히 하락하였고, 과도한 최저임금인상 등으로 고용의 상당부분을 담당하고 있는 자영업이 생존의 기로에 서 있다.

한마디로 정리하자면 시장경제시스템의 주역인 기업의 활동이 크게 위축된 결과이며, 특히 생산성이 낮은 상태에서 급격한 인건비 상승 및 기술혁신 부족과 정부의 과도한 시장 개입이 주요인이라고 할 수 있다. 이러한 여파로 실업률은 급격히 늘어나고 있다. 작년 12월에는 실업률 3.4%, 실업자수 94만명이었는데, 올해 1월 통계청 조사 결과 실업률은 4.5%이고 실업자수는 122만명에 달하고 있어 작년 보다 훨씬 나빠지고 있는 상태이다.

　재정이 투입된 보건 및 사회복지업 등의 일자리는 늘어난 반면 우리 경제의 근간인 제조업에서는 크게 줄었고, 자영업의 어려움을 보여주듯 도소매업과 임대업의 고용이 크게 줄었고, 청년층의 실업률도 늘어났다. 일자리 창출에 국민의 세금을 54조원이나 썼다고 하는데도 실업률은 크게 증가하고 있어 '일자리정부'라는 말이 무색할 정도이다.

　결국, 시장경제시스템의 원리가 작동하지 않는 데서 비롯된 일이다. 주지하다시피, 시장경제원리는 기본적으로 수요와 공급의 균형을 이루게 하는 가격 메카니즘에 대한 설명이다. 시장가격이 균형가격보다 높아지면 수요는 줄고 공급은 늘어나면서 균형가격으로 조정한다는 것이다. 문제는 균형상태에서 원자재, 인건비 등의 생산비용이 오를 경우 제품의 가격이 오르면 수요가 줄 수밖에 없어 오른 생산비용을 전부 가격에 반영하기가 어렵다는 데에 있다.

물론 시장가격이 오르더라도 필수품인 경우에는 수요가 줄어드는 폭이 적을 것이고, 가격을 높게 책정할 수 있는 기술혁신 제품들은 오히려 이익을 더 낼 수는 있을 것이다. 그러나 이는 일반적인 경우가 아니므로 결국은 기업이 오른 비용의 상당부분을 부담하여야 하는 상황이다. 지금처럼 세계화된 시대에서는 생산비용이 낮은 국가로 옮길 능력이 있는 기업은 해외로 이전하겠지만, 인건비 비중이 높은 자영업 등의 중소 영세기업들은 고사 직전의 상태로 몰릴 수밖에 없고 이러한 상태가 지속될 경우 경제가 더 어려워질 수 밖에 없다는 것이 대다수 전문가의 의견이다.

이제 우리 경제를 다시 살리려면 시장경제에서 작동되는 현실적 원리를 존중하여야 할 시점이다. 경제학에서도 완전한 시장은 없다고 보며 여러 가지 시장 보완책을 연구하고 있지만, 그렇다고 시장 자체를 부정하는 것은 결국 경제를 망치는 지름길이다. 구 소련이나 동구권의 사회주의 경제가 망한 교훈을 되새길 때이다. 미우나 고우나 기업이 경제의 부가가치를 창출하는 중요한 주체임을 감안할 때 기업가정신을 북돋우는 사회적분위기 조성이 필요하다.

OECD국가 중에서도 하위권에 속해 있는 우리 경제의 낮은 노동생산성을 증진시키기 위하여는 한 쪽에 유리한 노사관계를 시정하는 노력이 필요하며, 기업가들도 과감한 혁신을 통하여 기업의 생존력을 높여 고용을 안정시킨다는 자세가 필요하다. 정부는 시장에 과도하게 개입하는 정책을 지양하고, 유럽국가들이 노사정대타협을 통하여 안정적인 노사관계를 정립한 것처럼 우리 후손들의 미래를 위해서도 노동과 기업이 적대적인 관계를 청산하고 사회적 대타협을 마련해 나가도록 우리 모두 합심하여 노력해나가야 할 것으로 믿는다.

시장의 역습 [애플경제 2019.03.22]

시장은 통상적으로는 인간이 살아가는 데 필요한 물건과 서비스를 교환하는 場을 말한다. 그런데, 고대 그리스사회에서는 지주와 노예로 구성되어있는 농업위주의 자급경제이어서 그런지 '질서정연하고 위계적인 시장적 관계'가 형성되지 않아 '교역(trade)을 통한 부의 취득이 농업이나 군사적 공훈을 통해 얻는 약탈보다 열등한 것으로 여겨졌다'고 한다. 즉, 시장에서의 교환으로 거래당사자들이 상호이익을 얻기보다는 전쟁이나 권력을 통한 약탈이 일상적이었음을 알수 있다. 유럽의 중세 봉건주의시대 역시 농노제도를 유지하고 있어 이와 별반 다르지는 않았다.18세기 산업혁명으로 대량생산시대에 들어서면서부터 근대적 개념의 시장이 형성되었다.

대량생산제품이 대량소비와 지속적으로 연결되려면 시장에 참여하는 경제주체들이 약탈당하지 않고 자유롭게 상품가치를 판단하고 '교환'하는 새로운 질서가 필요하였다. 개인의 경제적 자유와 활동을 억압하고 약탈하던 봉건제의 속박에서 벗어나, 개인이 자유롭게 경제적 의사결정을 하고 그 결과물인 재산권이 권력 등에 의하여 약탈당하지 않는 자유시장경제시스템이 나타난 것이다. 사유재산권 보호로 경제주체들의 경제마인드가 활성화되면서 경제는 성장하기 시작하였고, 최근 1백여년이상 지속적으로 상승하고 있다. 다만, 자유시장경제시스템은 개인의 합리적 행동 및 완전경쟁을 전제로 하고 있지만, 현실에서는 이러한 전제가 완벽하게 구현되지는 않기 때문에 지나친 탐욕에 의한 불공정경쟁, 소득 양극화 현상, 과도한 경기변동 및 경제위기를 겪어왔다. 대부분의 자유시장경제시스템을 채택한 나라에서는 이러한 현상을 시정하기 위하여 다양한 노력을 하여 왔고, 이제는 시장경제시스템의 역기능을 상당부분 해소하는 혼합경제체제가 정립되면서 경제성장의 과실이 사회 전 계층에 적정하게 분배되도록 하는 세제, 복지 등의 제도를 운영하고 있다. 우리 대한민국의 경제도 자유시장경제시스템의 원리를 근간으로 경제개발정책을 펼치면서 비약적으로 경제발전을 하여 경제규모 세계11위의 나라가 되었다. 이는 같은 민족임에도 시장의 역할을 부정하고, 공산주의 계획경제체제를 도입하면서 개인의 경제적 자유를 박탈한 북한의 낙후된 경제현실과 크게 대비되며, 사적 경작을 허용한 텃밭의 생산성이 공동경작지보다 월등히 높은 것은 사유재산권보장이 경제발전에 큰 효험이 있음을 보여주는 좋은 예이다.

최근 우리 사회에서는 우리 경제의 발전을 이끌어 온 자유시장경제시스템에 큰 문제가 있다고 주장하거나 그렇게 인식하는 사람들이 늘어나고 있다. 즉, 힘센 자들이 시장을 지배하면서 부당한 이득을 챙기므로 정부가 공권력으로 시장에 대폭 개입하여야 정의가 실현될 수 있다고 주장한다. 경제위기를 경험한 현대의 어느나라 정부도 자본주의 초기처럼 시장을 100% 자유방임상태로 두지는 않는다. 우리 정부도 불공정경쟁을 방지하기 위한 제도적 장치를 마련하고 있고, 경제위기 등에는 과감하게 정부의 재정을 투입하면서 저소득층의 소득보전 등 복지 증진 노력을 하는 등 시장에서 심판 역할을 하고 있다. 그러나 국가가 시장원리에 맞지 않게 과도하게 시장에 간섭하면서 심판이 아닌 선수 역할을 할 때 시장의 자율균형기능이 상실되어 인류가 어렵게 확보한 경제적 자유가 침해된다. 사회의 모든 현상에는 작용과 반작용의 힘이 다양한 방향으로 작용하고 있어, 현실은 매우 복잡하고 동태적이다. 또한 '사회 정의'라는 단어가 멋있게 들리지만 매우 주관적이어서 복잡한 현실에서는 아무리 정부가 유능하더라도 이를 구현하기는 쉽지않다. 그럼에도 불구하고 정부가 특정 이데올로기나 편견에 의거 한쪽면만 보면서 시장에 간섭하면 경제를 발전시킨 원동력인 시장에서의 경제적 자유가 억압되는 부작용이 나타날 수밖에 없다. 정의를 외지면서 선의로 출발한다고 하지만 결과적으로 피해를 주는 역설적 상황이 생긴다. 그야말로 시장의 역습인 것이다.

안타깝게도 이러한 역설적인 시장의 역습 현상이 우리 주변에서도 자주 발생되고 있다. 근로자들의 임금을 높이고 장시간 노동을 금지하면, 소비가 늘어 경제는 선순환하고 노동자들은 '저녁이 있는 삶'을 영위한다는 그림 같은 정책이 현실에서는 인건비를 지급해야하는 기업이 급격한 인건비 상승을 감당하기 어려워 일자리를 줄이는 결과를 초래하였다. 해고된 근로자들 입장에서는 올라간 임금은 '먹을수 없는 그림의 떡'이 되고 말았고, 정부는 해고를 막기 위하여 국민세금으로 민간기업의 인건비를 보조하는 결과를 연출하고 있다. 사라지는 일자리의 상당수가 소득이 낮은 계층의 일자리로 귀착되면서 하위 20%소득계층인 1분위의 소득이 작년말 기준 17%나 하락하였고, 상위 20% 소득계층인 5분위와의 소득 격차는 2013년이래 최대인 5.47배로 악화되었다. 당초 의도와는 달리 소득의 양극화는 커졌고, 저소득층은 '배고픈 저녁이 있는 삶'을 살아야하는 고통을 받고 있다. 소위 '일자리 정부'를 표방한 현 정부의 성적표이다.

자영업자 등 소상공인의 많은 경영 애로요인 중 하나인 카드수수료를 없애려는 관 주도의 소위 '제로페이' 역시 한쪽 면만 보면서 다른 면인 카드업계의 생존을 위협하는 과도한 시장개입정책이라고 아니할 수 없다. 또, 비정규직 보호를 위하여 2년간 고용하면 정규직으로 전환하는 법이 시행된 결과 당초의 고상한 의도와는 달리 2년 근무한 비정규직의 해고를 촉발시켰고, 더 근무하고 싶은 비정규직도 어쩔 수 없이 해고되고 있다. 집값 급등을 막는다고 실시하는 주택구입대출 축소가 역설적으로 젊은 층과 중산층의 내집 마련을 어렵게 하고 있고, 벌과금 수준의 부동산 세금은 부동산투기 없이 집 한 채만 가지고 사는 중산층들, 특히 은퇴한 노인들의 삶을 어렵게 하고 있다.

이제 한 쪽 면만 바라보는 편향된 시각으로 시장의 자율균형기능을 마비시키는 정책은 시장의 역습을 받아 국민의 삶을 어렵게 할 뿐만 아니라 국민의 경제적 자유를 침해하여 경제하려는 의욕을 상실시킬 우려가 있다는 점을 잘 인식하여야 한다. 국민들이 진정한 '저녁이 있는 삶'을 향유하는 실사구시의정책이 나타나 모두가 수긍하는 사회 정의가 구현되기를 소망한다.

시장 가격균형 메커니즘의 복원 [서울신문 2011.07.31]

15년 전쯤, 개미의 눈으로 인간세상을 바라본다는 독특한 설정의 '개미'라는 소설이 크게 유행했다. 작가는 개미가 고도로 체계화된 위계질서를 가지고 있으며, 각 계층 간 원활한 소통을 통해 집단의 생존이라는 성과를 내고 있다고 말한다. 이처럼 다수가 활발히 소통하고 협력·경쟁하는 과정을 통해 조직 전체의 지적 성과를 높일 수 있다는 집단지성의 중요성이 정보사회학을 중심으로 부각되고 있다.

시장경제에서도 충분히 많은 시장참가자가 누구에게나 공개된 시장정보를 가지고 자유롭게 행동할 경우, 완전경쟁이 이루어지고 시장경제 시스템 전체의 후생을 극대화할 수 있다고 가정한다. 그러나 진입장벽, 정보 비대칭 등의 제약 때문에 완전경쟁 시장을 현실에서 찾아보기는 매우 힘들다. 따라서 완전경쟁을 저해하는 요소들에 대한 조정을 통해 우리 시장경제 시스템이 완전경쟁 시장으로 수렴되도록 노력할 필요가 있다.

최근 저축은행 프로젝트 파이낸싱(PF) 부실이 우리 경제의 큰 부담으로 작용하고 있다. 저축은행들은 부동산 버블에 편승해 높은 수익을 기대하고 PF 대출을 과잉 공급했으나, 글로벌 금융위기와 부동산 경기 침체로 개발 수요가 급격하게 위축되면서 어려움을 겪고 있다. 또한, 이러한 문제가 좀처럼 해결의 실마리를 찾지 못하고 있는 것은 시장상황의 변화에 시장참여자들이 탄력적으로 반응하지 못함으로써 시장경제 시스템에서 가격기능이 상실됐기 때문이다. 즉, 저축은행들은 시장 여건이 변화했음에도 기존의 높은 수익에 대한 기대감으로 PF 사업장에 대해 높은 수준의 가격을 유지하고 있고, 가격 하락을 예상하고 있는 수요자들은 실제 가격하락폭이 기대치에 미치지 못해 거래 자체가 실종돼 시장의 자율적 가격기능 회복을 지연시키고 있는 것이다.

그렇다면 이와 같은 불균형을 해소하기 위해서는 어떻게 해야 할까. 가장 긴급한 문제는 일시적 불균형이 시장 붕괴로 이어지지 않도록 시장의 공급과 수요를 조정하는 것이다. 다음으로, 문제의 원인이 PF 대출의 공급 과잉에 있는 만큼, 공급 과잉을 초래한 당사자로 하여금 일정부분 책임을 부담하게 함으로써 시장가격이 균형수준으로 하락하도록 유도해야 할 것이다.

우리 한국자산관리공사(캠코)는 시장의 자율적 구조조정 지원과 금융시장 안정을 위해 저축은행 PF 채권의 매입·정리 업무를 지속적으로 추진해 왔다. 캠코는 저축은행들이 보유한 사업중단 PF 사업장을 인수함으로써 침체된 부동산 시장의 붕괴를 방지하는 방파제 역할을 수행했다. 이는 얼핏 가격기능 회복과는 무관해 보일 수도 있지만, 캠코의 PF 사업장 인수로 인해 부동산 시장에 추가로 대량의 PF 사업장이 공급되는 것을 차단하고 공급시기를 조정함으로써 새로운 가격균형점을 형성하기 위한 조치라고 할 수 있다. 또한 저축은행들로 하여금 PF 대출에 대한 충당금을 적립하도록 해 경영 실패에 따른 손실을 인식하게 하고, 그만큼 저축은행들의 매각 희망 가격을 시장균형에 근접하게 낮춰주는 효과도 나타나고 있다. 캠코의 이러한 조치로 인해 실제 사업이 재개되거나, 시장 매각이 가능한 PF 사업장의 비율이 점차 늘어나 시장균형 회복을 통한 문제해결의 희망을 던져주고 있다.

시장경제는 시장참여자의 창의성과 능력을 충분히 발휘하게 하지만, 완전경쟁을 저해하는 구조적 요인으로 시장 가격균형이 쉽게 깨질 수 있다. 시장경제의 틀 안에서 다수의 경제주체가 능력에 따라 경제활동에 참여하고 사회 전체의 후생을 증진시키려면, 가격기능과 시장균형을 지키기 위한 조정 노력이 필수적이다. 이번 저축은행의 PF 부실 문제 역시 미시적 조정을 통해 새로운 시장 가격균형을 찾아야 할 것이다. 이러한 노력이 성공한다면, 이번 저축은행 PF 부실 문제는 오히려 우리나라 금융과 부동산 시장을 더욱 특특하게 만드는 계기가 될 것이다.

시장경제시스템 다시 한 번 생각한다 [서울신문 2011.06.20]

인류는 끊임없이 발견하고 발명하며 역사를 발전시켜 왔다. 그 과정에서 새로운 사실을 확인하였음에도 기존 관념에 매여 있는 계층을 설득하는 것은 매우 어려운 일이었다. 이를테면 지구가 태양 주위를 공전한다는 지동설을 망원경으로 확인한 갈릴레오는 종교 재판을 받았고, 운이 없었던 어느 학자는 화형까지 당하는 어처구니없는 일도 있었다. 그러나 결국 지동설은 유럽이 16세기의 대항해 시대를 거쳐 역사의 주역으로 부상하는 밑거름이 되었다.

무수한 발견과 발명 중에서도 '시장경제시스템'은 인류가 창안한 가장 위대한 업적으로 평가받는다. 인간의 욕망과 자유경쟁을 통해 효율성을 극대화하고 새로운 혁신을 불러왔기 때문이다. 이러한 장점 때문에 '시장만능주의'라는 말이 나올 정도로 시장을 맹신하는 사람들도 생겨났다.

이론적으로는 시장경제시스템의 균형이 완전경쟁을 통해 달성돼야 하지만 현실의 시장은 구조적으로 완전하지 못하다. 거대 자본과 영세 소상공업자가 자본력과 힘의 불균형 때문에 공정하게 경쟁할 수 없다는 것은 누구도 부인하지 못하는 사실이다. 그럼에도 불구하고 '보이지 않는 손'이라는 신화에 얽매여 시장자율만 강조하는 것은 종교의 권위로 지동설을 탄압했던 것처럼 근시안적인 일이다.

우리 경제·사회의 과제인 양극화와 성장 불균형 문제도 대기업과 중소기업, 고용주와 비정규직 등이 시스템 안에서 대등한 관계를 형성하지 못해서 발생한다. 이러한 관계에서 중소기업은 대기업에 의존적이고 종속되기 쉬우며, 반대로 드물기는 하지만 기술력을 갖추고 핵심부품을 제조하는 중소기업이 대기업의 생산활동을 좌우하는 경우도 생긴다.

　　금융시장에서는 특정 금융자산과 그 기초가 되는 실물자산에 대한 가격기능이 작동하지 않아 시장에 구조적 불균형이 생긴다. 금융회사는 경기 호황기에 복잡하고 다양한 금융상품을 통해 높은 수익을 향유하면서, 이를 자신들의 창의력과 위험을 무릅쓴 투자에 대한 대가라고 주장한다. 반면 금융위기 시에는 금융시스템이 공공재라는 점을 들어 책임과 손실을 회피하는 이중적 태도를 보이곤 하는데, 위기를 극복하고 가격기능 회복과 시장균형을 이루기 위해서는 시장 참여자가 경영 실패를 인정하고 손실을 분담해야 할 필요가 있다.

　　불균형을 방치한다면 시장에서 재기의 기회를 박탈당한 소외자들이 발생하고, 이들의 불만이 누적될 경우 시장에 대한 불안은 높아진다. 공정한 경쟁을 통해 효율성을 높이는 동시에 시장경제시스템 밖으로 밀려난 소외자에게 기회를 부여하고 경제적 약자를 보호하는 것이 오히려 시장경제시스템을 굳건하게 지키는 일일 것이다.

　　따라서 구조적인 측면에서 수요와 공급이 균형을 이루도록 노력해야 한다. 즉, 대·중소기업 간 불공정 거래관행을 해소하고 중소기업이 기술혁신을 통해 육성될 수 있도록 지원하는 등의 노력으로 이들이 시장경제시스템의 당당한 참여자가 되도록 해야 한다. 이같은 노력이 쌓인다면 시장의 건전한 가격기능이 회복될 수 있을 것이다. 특히 수혜를 받는 대기업과 사회지도층이 먼저 나서서 동반성장과 상생을 위해 힘써야 할 것이다.

경제적 불균형 해소와 시스템 밖의 소외자를 보듬어주기 위해서는 공공시스템의 작동도 필요하다. 한국자산관리공사(캠코)의 금융 및 기업 구조조정과 서민금융 지원이 바로 이러한 공공시스템의 일환이다. 한국자산관리공사는 시장 실패 시 발생하는 부실자산에 대한 가격기능이 회복되도록 구조조정을 통해 해결하고 있다. 서민의 신용자산을 육성·보호하고 취업을 지원하는 등 소외계층에 대한 종합자활서비스를 제공함으로써 유효 수요를 창출, 시장경제시스템의 균형을 유지하도록 노력하고 있다. 한국자산관리공사뿐만 아니라 대기업, 사회지도층이 각각 정해놓은 상생의 기조에 맞춰 불균형 문제를 앞장서 해결해 모든 경제주체가 동등한 입장에서 상생할 수 있게 되길 기대한다.

3. 권력의 탐욕 및 무능에 대한 直言

3 **권력의 탐욕 및 무능에 대한 直言**

학을 타고 '揚州刺史' 되겠다고? [디지털타임스 2019.09.08]

중국에는 인간의 지나친 탐욕을 경계하는 '양주학'(揚州鶴)이라는 고사성어가 있다. 중국에서 가장 긴 강인 양자강의 하류에 있는 양주(揚州)는 고대로부터 경제, 문화 및 국제교류의 중심지 역할을 했던 중요한 지역이었기 때문에 우리의 시장이나 도지사 격인 자사(刺史)가 된다는 것은 대단한 권력을 쥐는 일이어서 선망의 대상이 되었다. 한편, 학(鶴)은 신선이 타고 다니는 불로장생의 새라는 이미지가 있기 때문에 신선이 되고 싶은 사람은 학을 타고 하늘을 나는 것을 소망한다. 신선은 일반적으로 속세의 권력이나 경제적 부(富)와는 거리를 두는 존재임에도, 학을 타는 신선이 되려는 자가 속세의 양주자사라는 대단한 권력, 나아가 부(富)까지 '3관왕 달성'의 헛된 욕심을 부리는 자들을 경계하는 고사성어가 '양주학'이다.

이러한 자들이 권력을 잡고 부를 쌓을 때 나라꼴은 굳이 말할 나위가 없다. 중국 송나라때도 이런 자들이 많았는 지, 유명한 시인 소동

파는 '양주학'을 빗대어 대쪽같이 살아야 할 선비나 공직자가 재물을 탐하는 것을 비판했다.

법무부장관 후보자로 지명된 조국의 공직자로서 자질을 검증하는 과정에서 나타난 행적이 조국 후보자가 과거 10여 년간 끈질기게 정의를 부르짖으면서 해온 말과 완전히 정반대임이 드러나서 사회에 큰 충격을 주고 있다.

조 후보자가 반대편으로 여겨지는 사람들에게는 가혹하지만, 한편으로는 그럴 듯하게 한 말에 많은 사람들은 조국 후보자를 정의의 화신으로 환호하였고, 신선의 경지로 존경까지 하면서 조 후보자의 성공스토리는 완성됐다.

그런데, 조 후보자가 막상 검증대에 올라 보니 자신이 그토록 비판하던 사람들의 수준은 아무것도 아닌 것처럼 느껴지게 하는, 몇 수 높은 위선적인 행적이 나타났다. 조국후보자의 가족이 자녀의 상급학교 진학을 위해 사전에 포석을 깔아 목표를 달성하는 모습에서는 인기 교육드라마 '스카이 캐슬'의 작가도 상상하지 못하는 천민자본주의의 창조력을 보여줬다. 조국과 같은 아버지가 없는 가재와 붕어들은 감히 용이 될 생각은 하지 않는 것이 이 세상을 그나마 마음 편하게 행복하게 사는 길임을 가르쳐주었다.

부친의 학교법인 인수 후 학교이전공사 관련 각종 의혹과 그 과정에서 발생한 금융권 채무를 갚으라는 공기업인 한국자산관리공사(캠코)나 기술보증기금의 태클을 조 후보자는 가볍게 제치는 내공도 보여줬다. 우리나라 축구팬을 우습게 보았던 호날두와 같은 무림의 고수 수준이었음을 모르고 감히 태클을 시도하였던 공기업의 불찰인 것같다. 가장 핵심적인 것은 사모펀드 투자다. 공직자 주식백지신탁제도에 따라 조 후보자는 공직인 청와대 민정수석으로 부임하면서 주식투자 대신 조카가 운영하는 것으로 보도되고 있는 사모펀드에 자기의 전 재산보다 많은 금액을 과감하게 약정했다. 사모펀드에 투자하는 공직자가 사실상 없고, 본인의 전공영역이 아닌 분야임에도 자기의 전 재산보다 훨씬 많은 금액을 약정한 것은 확실히 일반 공직자와는 차원이 다르다. 필살기적 승부근성의 발휘인지, 아니면 미리 구상한 투자를 하려고 했던 것인지 궁금하다.

이 사모펀드는 실제 출자한 사람들이 부인, 자녀, 처남 등이라서 사실상 '가족펀드'인 셈이다. 이 사모펀드가 투자한 회사가 지방자치단체 등의 관급공사에 의존하는 업체로 망하기 일보직전이었는데, 인수 후 매출이 70% 이상 급작스럽게 늘었다고 한다. 아무나 갖기 어려운 '보이지 않는 손'이나 '마이더스의 손' 중 어느 쪽이 작용했는지 알기 어렵지만, 지방자치단체가 주 영업대상임을 볼 때 단순히 기적과 같은 일로 치부하기는 쉽지 않다.

조 후보자의 자녀 교육진로에 탄탄한 포장도로 깔기, 채무의 사실상 면탈, 투자펀드의 대박 가능성 사전 확신 등에 대한 논란이 수그러들지 않는 상태에서 또 다른 어떤 이야기가 나올지 궁금해진다. 조 후보자가 실정법 위반은 없었다고 주장하면서, '나는 바담 풍(風)하지만 너는 바람 풍하라'는 식의 국민정서를 무시하는 오불관언의 모습을 보이자, 가재와 붕어로 폄하된 20대들의 분노가 촉발되면서 촛불투쟁이 시작된 것을 볼 때, 역시 '역사는 돌고 도는 것'임을 느끼게 한다.

끝없는 탐욕으로 돈에 집착하고 자식을 음서로 출세시켜 자기들만의 천국을 만들려는 속내를 숨기고, 겉으로는 신선인 척하면서 국민을 속이는 사람들이 많은 것은 예나 지금이나 마찬가지인 것 같다. 중국 고대의 고사성어 '양주학'이 21세기 대한민국에서도 유효하다는 사실이 서글프지만, 거짓 신선놀음에 현혹되지 말라고 일깨워 주는 만고의 진리임을 후세에 전하고 싶다.

악성바이러스 '조로남불' [디지털타임스 2019.10.13]

스웨덴의 비영리 단체인 '글로벌 챌린지스 파운데이션'(GCF)이 편찬한 '인류 생존을 위협하는 10가지 위험에 관한 2018년도 보고서'에서는 핵전쟁, 생화학전, 지구온난화, 소행성 충돌, 슈퍼화산 폭발, 새로운 전염병과 항생제 내성, 통제되지 않은 인공지능(AI)에 이르기까지 향후 50년간 인류의 생존을 위협할 10가지 위험을 규정하고 있다. 이중에서 과거에 실제로 발생된 적이 있는 치명적인 위험은, 알려지지 않은 세균이나 바이러스에 의한 '새로운 전염병'이다. 바이러스는 위키백과에 의하면 다른 유기체의 살아 있는 세포안에서만 생명활동을 하는 광학현미경으로도 볼 수 없는 작은 전염성 미생물이라고 한다. 동물이든 식물이든 다른 생명체에 침투해 기생해야 살 수 있으며, 이 바이러스가 침투된 생명체는 낯선 감염물질에 대한 저항능력을 채 갖추지 못하면서 병이 감염된다는 것이다. 기원전 1157년에 사망한 이집트의 람세스5세 시기에 유행한 것으로 추정되는 인류 최초의 전염병인 천연두는 1980년 세계보건기구가 천연두 멸종을 발표할 때까지 전 세계적으로 3억명이 사망하였고, 16세기 남미 아즈텍 제국을 멸망시킨 주요 요인 중의 하나로도 꼽고 있다. 중세유럽의 흑사병 역시 전 유럽 인구의 1/3 내지 1/4인 2500만명에서 6000만명이 죽었다. 의학이 발달한 현대에도 새롭게 나타나는 치명적인 바이러스를 즉각적으로 제압하기는 어렵다. 1976년 아프리카에서 나타난 에볼라바이러스로 인한 전염병은 아직까지도 마땅한 치료법이 없다고 한다. 이처럼, 인류는 낯선 전염병에 대한 공포감 속에서 살아오면서 이 공포감은 인류의 DNA에 깊이 새겨져 있고, 새로 나타난 전염병으로 인류가 멸망할 지도 모른다는 공포감은 많은 공상과학소설과 영화들의 단골 주제가 되고 있다.

그런데, 안타깝게도 최근 우리나라에는 새로운 바이러스가 나타나서 국민들의 건강을 위협하고 있다. 속칭 '내로남불' 바이러스인데, 이 바이러스에 감염되면 인간의 뇌에 침투해 사람의 인지능력과 판단능력을 바꾸는 작용을 한다고 한다.

우선, 선과 악을 판단하는 기준이 종전과는 확연히 달라진다. 같은 편은 절대 선(善)이고 다른 편은 절대 악(惡)으로 해석한다. 자기가 전에 한 말과 행동을 완전히 180도 달리해도 한점의 부끄러움도 없는 모습을 보인다.

과거의 자신이 지금의 자신을 꾸짖고 비난하는 모습임에도 전혀 개의치 않는다. 과거에 한 말과 행동을 전혀 기억하지 못한다고 하면 기억상실증이라고 하겠지만, 본인이 선택하는 것만 잃어버리는 척하는 점, 그리고 주변에 있는 사람들을 손쉽게 감염시켜 추종자로 만드는 놀라운 능력을 보이고 있는 점 등을 볼 때 의학적으로 연구해야 할 질병인 것 같다.

신종 바이러스에 대항하는 백신이나 인체의 항체가 아직 없는 상태에서 이 악성 바이러스는 변종에 변종을 거듭하고 있다. '조로남불' 바이러스는 이미 나타났지만 앞으로도 감염된 사람의 성을 딴 새로운 변종은 계속 나타날 전망이다. 이렇게 신종 바이러스에 감염된 사람들이 늘어나면서 결집된 무리들이 자기 편의 거악은 모른체 하고, 남의 티끌은 아무리 사소한 것이라도 열심히 찾아내고, 없으면 만들기까지 하면서 공격하는 폭력성을 보이고 있다.

결과적으로 우리 사회에서는 자기편은 선이고 상대편은 악이라는 이분법적 편 가르기로 사회를 지탱하는 시스템이 붕괴 일보 직전이다. 자유민주주의 국가인 대한민국에서 대한민국의 자유민주주의와 정의를 실천하여야 하는 법무부 장관에 다수의 국민이 적합하지 않다고 보는 인사가 임명된 것과 이를 맹목적으로 지지하는 집단의 출현은 우리 사회의 시스템이 심각하게 해체되고 있는 것을 보여주는 사건이다.

스스로 사회주의자임을 선언한 사람, 스스로를 정의의 화신으로 자처하면서 상대방을 비판하고 공격하였지만, 실제 행동은 불의의 화신이라고 불러도 피할 수 없는 사람, 더구나 가족들이 각종 사기 및 투기사건에 연루되어 수사 중이고 본인도 연루되었을 것으로 의혹을 받는 사람이 정의를 구현하겠다는 주장은 인류가 오랫동안 정립해 온 선과 악의 기준을 바꾸겠다는 악성바이러스에 감염된 주장이다.

선과 악을 바꾸는 거짓선동으로 시장경제를 파괴한 '공산주의 바이러스'가 결국 나라까지 붕괴시킨 지 불과 30년 정도인데 변종의 '내로남불 바이러스'가 자유 대한민국에서 생겼다는 것이 놀랍다. 바이러스 치료제가 개발되기 전이라도 거짓을 부끄럽게 생각하는 올바른 정신자세를 다시 정립해 거짓을 분별하고 대적하는 면역력을 우리 스스로 키워나가야 할 때다.

'캠코더'가 장악한 공공기관··· 이러고도 公正 말할 수 있나

[디지털타임스 2019.10.27]

　문재인 정부 출범 이후 공공기관에 '캠코더(대선 캠프 · 코드 · 더불어민주당 출신) 인사'가 대폭 증가했다는 조사결과가 나왔다. 27일 기업평가사이트 CEO스코어가 올 9월 현재 국내 339개 공공기관에 재임 중인 기관장, 감사, 상임이사 등 총 1031명의 출신 이력을 전수조사한 결과다. 이 가운데 공공기관 출신이 33.3%로 가장 많았다. 이어 관료 출신은 24.9%, 학계 출신은 9.8%, 세무회계 출신은 6.5%, 정계 출신은 6%로 각각 집계됐다.

　특히 정계 출신 기관장 18명 가운데 13명(72%)은 '캠코더 인사'인 것으로 분석됐다. 10명 가운데 7명 이상인 셈이다. 정계 출신 감사 32명 가운데 절반 이상인 19명도 '캠코더 인사'로 평가됐다. 문재인 정부가 출범한 2017년(연말 기준)과 비교해보면 정계 출신 기관장 비중은 무려 2배 이상으로 늘어났다. 감사도 33.3%나 증가했다.

　문재인 대통령은 최근 국회 시정연설에서 '공정'을 가장 강조했다. '공정'을 27차례나 언급하며 "공정을 위한 개혁을 더 강력히 추진하겠다"고 했다. 조국 전 법무부 장관을 둘러싼 불공정 논란이 국론 분열로 이어진 현실을 고려한 발언이었다. 그러나 도를 넘은 공공기관 '캠코더 인사'를 보니 공허감만 든다. '기회는 평등, 과정은 공정, 결과는 정의'라는 문재인 정부의 국정 지표가 무색할 지경이다. 이같은 공공기관 낙하산 인사로는 공공기관 혁신은 가당치도 않은 일이다. 공공기관 혁신을 이루기 위해선 기관장의 의지와 능력이 가장 중요할 것이다.

정부 정책만 따르는 사람들을 잔뜩 심어놓은 행태는 결국 공공기관 개혁에는 관심이 없고 정권 지지 세력을 더 키우겠다는 심사로 밖에는 해석이 된다. 전문성이 결여된 이런 인사는 불공정의 전형이라 할 수 있다.

현 정부는 과거 정부에 대해 낙하산 인사를 꼬집으며 정의와 공정이 없는 정권이라고 비판했다. 그리고 적폐 청산을 추진했다. 그런데 자신들이 더욱 적극적으로 캠코더 인사를 하는 모순적 행태를 보이고 있다. 이러고도 공정을 말할 수 있겠는가. 공정은 '말'이 아니라 '행동'이다. 문재인 정부는 이제 집권 후반기를 맞았다. 앞으로 국정을 쇄신하고 국민대통합을 이루는데 총력을 기울여야 한다. 하지만 정권 주변 인사들 자리 만들기에 지나지 않는 '캠코더 인사'를 계속 고집한다면 갈길이 멀다. 공정을 위한 개혁은 캠코더 인사 척결에서부터 시작해야 한다.

최근 공직후보자 선정논란을 지켜보며 [애플경제 2019.04.19]

최근 청와대 대변인의 재개발 투자, 주요 장관 및 헌법재판관 후보들의 과도한 부동산 및 주식 투자 등의 과정에서 일반인들은 투기로 생각할 수 밖에 없는 일들이 밝혀지면서 현 정부의 고위공직자들의 재산형성에 대한 궁금증이 높아지고 있다. 일반서민들의 관심을 끈 것은 이 분들이 정의를 외치면서 공정한 기회가 보장되는 나라로 만들겠다는 현 정부에서 중요한 직책을 수행하여 매우 바쁜 와중에서도 일반서민들은 도저히 따라갈 수 없는 높은 수준의 자산관리비법을 보여주었기 때문인 것 같다.

한편, 과거 운동권 경력이나 어려운 처지를 자랑스럽게 내세우면서 서민들의 어려운 삶을 개선하여야 한다고 기회있을 때마다 소리높여 외치던 분들이라 지금도 형편이 어려울 것이라고 짐작하였는데 사실은 일반 서민들에 비하여 상당한 재산가들이었고 어떻게 모았는지 명확하지 않다는 데 대한 놀라움도 있을 것이다.

지금 웬만한 서민들은 정부의 엄격한 가계부채 억제책으로 인하여 은행대출이 사실상 어려워진 상태이다. 작년 말 우리 국민의 가계부채는 1,534조원으로 국민총생산에 육박하고 있는 실정임을 감안할 때 가계부채 증가를 억제하는 정책이 불가피한 점은 인정되지만 현실에서는 주택이 없는 젊은 층이나 서민층들의 내 집 마련을 억제하는 효과가 나타나고 있다. 현금을 쌓아둔 사람이 아니면 신규아파트 매입은 사실상 어려워져 신규분양을 받았다가 대출이 여의치 않게 되면서 자금조달이 어려워 포기하는 사례가 많고, 이들의 포기물량을 현금 동원능력이 있는 부자들이 매입하는 부익부 빈익빈 현상이 나타나고 있다. 이런 와중에 일반인은 상상하기 어려운 10억이 넘는 대출을 그것도 대출서류에 하자가 있다는 논란까지 일으키며 받으신 분이 있었다. 또, 집을 샀는데 어느 돈으로 샀는 지 명확하지 않다는 분, 여러채 집을 가지고 있다가 청문회직전에 자녀에게 증여하고 월세를 내는 계약을 한 분 등 부동산에 관한 다양한 관리 모습을 보여주었다.

부동산만 자산이 아니고 주식도 매우 중요한 자산임을 알게 해주려는 분도 있다. 공직에 있으면서 부부 합산 35억원 상당의 주식을 보유하게 되었고 이 과정에서 무려 5천번 이상 거래를 하였다는 보도도 있는 걸 보니 다양한 주식거래의 비법을 보여주신 것 같다. 이 많은 거래 중 천려일실(千慮一失)과 같은 거래도 있었던 모양인지 금융위원회는 한국거래소에 일부 거래에 대한 심리를 요청하였다고 한다.

자산은 사유재산권을 인정하는 자유시장경제체제에서 사람들이 부가가치를 창출하는 과정에서 얻게 된 소득을 미래에 쓰려고 모아둔 유형무형의 가치물이므로, 자산의 가치를 늘리거나 최소한 지키는 노력을 하는 것은 너무나 당연하다. 고위공직자라고 해서 이러한 노력을 하면 안된다는 것은 아니다. 그러나 고위공직자들의 영향력이나 정보 획득능력 등을 고려할 때, 불공정한 거래의 가능성이 상당히 많기 때문에 재산등록, 청문회 등의 견제장치를 두고 있는 것이다. 그런데, 최근의 사태를 보면 정의를 외치는 현 정부가 돈 되는 자산의 관리에 집요하게 관심을 갖고 성과를 낸 분들을 고위공직자로 임용하였거나 임용하려고 한다. 문제를 지적함에도 일부에서는 어려운 가정에서 자란 사람이 고위공직자가 되려는 것인데 '개천에서 용이 나는 것을 막으면 안 된다' 또는 '집 몇 채가 뭘'하는 식으로 맞서고 있다. 이렇게 내로남불식의 인과관계가 성립되지 않는 설명은 이해할 수 없다. 어려운 가정에서 자란 것을 문제삼는 사람은 아무도 없다. 세상에서는 어려운 가정에서 태어났지만 이를 극복하려고 노력하여 큰 인물이 된 사람들이 너무 많고 다들 존경한다. 그러나 일반 서민들에 비하여 지나치게 과도한 방법으로 재산을 증식한 사람들의 일반적인 행태로 볼 때 이들이 임용된다면 맡겨진 공직의 권한을 남용하거나 사유재산 증식의 수단으로 악용할 우려를 배제하기는 어렵다. 소위 '잿밥'에 관심을 가질 확률이 높은 사람들이니 국가의 경영이 잘 되겠느냐는 합리적 의심인 것이다. 더구나, 논란이 커지자 자기 배우자에게 책임을 넘기는 모습을 보니 더욱 그렇다.

국가를 경영한다는 것은 쉬운일이 아니다. 경영이란 말은 시경(詩經)의 "영대(누각)를 짓기 시작함에 그것을 계획하고 지었으니, 뭇 백성들이 공력을 들여 하루도 못 되어 그것을 만들었네. (문왕이) 지음에 빨리 하지 말라고 하였으나 뭇 백성들의 자식이 (아버지 돕듯 달려)왔도다"라는 구절에서 나왔는데, 경영은 설계하고 측량하여 집을 짓는 것을 의미하며 모든 정치는 백성들과 함께 하고 그들의 믿음이 전제되어야 설 자리를 안다는 함의를 담고 있다고 한다.
(박원중 저, 경영사서)

　즉, 국가경영의 핵심은 백성들의 믿음을 전제로 백성들과 함께 한다는 데 있다는 것인데, 공익보다는 사익을 추구할 확률이 높을 것으로 의심되는 고위공직자로 백성의 마음을 얻을 수 없다는 것은 예나 지금이나 통하는 교훈인 것이다.

세금은 공짜가 아니다 [디지털타임스 2019.07.15]

사람들은 살아가는 데 필요한 물건을 다른 사람과 교환하면서 살아간다. 교환대상 물건의 가치에 맞는 대가를 자기가 갖고 있는 다른 물건이나 돈 또는 무형의 요소인 노동력 제공 등으로 치르게 되는데, 이러한 대가를 치루지 않는 경우가 '공짜'다. 개인차원에서 보면 교환의 대가인 비용을 부담하지 않았는데도 이득을 얻게 되는 행운이므로 '공짜라면 양잿물도 마신다'는 우리 속담처럼 대부분은 공짜의 행운을 바랄 것이다.

그런데 실제로는 비용이 숨어있는데도 알지 못하였다면 공짜에 대한 태도는 달라질 것이다.

사실 누군가는 그 비용을 부담하고 있기 때문에 경제 전체적으로 볼 때 '공짜'는 없다. 대형 마트에 가서 한 바퀴만 둘러보아도 정말 많이 만나게 되는 다양한 무료 시식, 음식점에서 주인이 '서비스'라고 하면서 공짜로 주는 음식, 무상으로 주는 물품, 소프트웨어나 이용권 등 기업들이 고객을 유치하기 위하여 다양하게 '공짜' 행사를 하는 비용은 광고주들의 광고비로 충당하거나 제품원가에 반영시켜 소비자에게 전가한다. 개인차원에서 보더라도 현재 공부를 잘 하거나, 유명한 스포츠 영웅이 된 것은 과거의 '나'가 미래의 '나'를 위하여 노력한 결과로 '노력이라는 비용'을 치룬 결과이다. '하늘은 스스로 돕는 자를 돕는다' 는 격언처럼 개인 차원에서 '스스로 돕는' 노력의 비용이 든 것이다.

국민의 세금으로 충당되는 재정지출의 경우도 마찬가지이다. 사회 안녕을 위하여 재정으로 지출되는 각종 복지 관련 수당 등을 받는 사람들은 공짜이지만, 그 비용은 대부분 열심히 경제활동을 하여 '소득을 창출하는 노력'을 한 납세자의 세금으로 귀착된다, 설혹, 수익자부담원칙이 적용되어 수혜자가 비용을 부담하더라도 일부에 불과한 경우가 많다. 즉, 경제 전체적으로는 공짜가 공짜가 아니므로 경제학에서는 '공짜점심은 없다' 고 하며, 숨은 비용이 제대로 고려되어야 올바른 선택을 할 수 있다고 보고 있다.

현 정부 들어서 우리 경제가 어려워지자 복지성 재정지출을 대폭 증가시키고 있다. 이러한 지출의 대부분을 감당해야 하는 납세자의 부담은 점점 커지고 있음에도 세금이 소중히 쓰이고 있다는 생각은 들지 않는다. 일자리정부를 표방하면서 지난 정부의 4대강 사업 규모보다 훨씬 큰 막대한 예산을 투입하였지만 역대 최고수준의 실업률이 상징하듯 일자리 창출은 실패하였다. 또한 경제정책실패로 심해진 소득양극화를 보완하려는 현금성의 각종 복지수당 등이 크게 늘면서 많은 사람들의 근로의욕을 저해하는 부작용도 낳고 있는 것이다.

공공부문의 경우는 더욱 심각하다. 민간일자리 창출이 벽에 부딪치자 손쉽게 고용을 늘릴 수 있는 공무원, 공공기관의 대규모 증원을 추진하고 있다. 공무원을 2022년까지 17만 5000명이나 순차적으로 늘릴 계획이다. 공공기관의 인원도 지난 2년 동안 8만 명이 증가된 40만 4000명이나 되면서 늘어난 인건비는 또 납세자의 몫이 되었다. 공공부문이 민간부문보다 과도하게 비중이 높아지면서 민간에 대한 구축효과가 발생되어 경제를 더 어렵게 만들고 있다. 또한 탈 원전 정책, '문재인 케어' 등의 여파로 한전, 건강보험공단은 적자로 반전되는 등 공공기관전체의 재정상태가 크게 악화되면서 2016년 15조4000억원의 당기순이익이 2018년에는 1조1000억 원의 당기순손실로 바뀌었다.

이처럼 재정지출은 날로 커지지만 낙제점을 받은 포퓰리즘 성격의 각종 경제정책으로 인하여 효율성은 반비례로 하락하고 있다. 일자리 창출 및 경제성장의 주역이자 세금납부의 주역인 기업을 홀대하면서 경제성장률은 작년 2.7%로 하락하였고 올해는 2%대 초반, 심지어는 1%대까지 하락할 것으로 전망되고 있다. 이를 재정지출 확대로 막으려는 모양새인지, 올해 예산을 전년보다 9.5% 크게 증가시킨 470조 원으로 편성하였다. 이러한 슈퍼예산이 아직 집행중임에도 6조7000억 원의 추경예산안을 추진하면서 재원이 부족하게 되자 절반이 넘는 3조 6000억 원 규모의 적자국채 발행까지 추진하고 있다.

그런데 경제가 추락하면서 점점 세금을 낼 수 있는 사람이 줄어들지 않을까 걱정된다. 지금처럼 국민의 세금을 잘못된 정책 수습용으로 쓰다가는 재정위기를 맞을 수도 있다. 세금은 공짜가 아니라 국민

이 사회유지를 위하여 희생한 재산이다. 세금 낭비를 차단하여 기회
비용을 줄인다는 각오를 가지고 모든 재정지출 사업을 재점검하고 공
공부문의 이상비대화를 정리하는 구조개선 작업을 과감하게 실시하
여 민간경제를 활성화시키는 시장 친화적 정책이 시급하다.

한국판 '공유지의 비극'의 주인공, 세금 [애플경제 2019.02.09]

사람이 소비라는 경제적 의사결정을 할 때 '남의 떡이 더 커 보인다'는 말처럼 자기 것은 아끼고 남의 것은 넘보려는 행태를 보이는 것은 태생적으로 타고 난 이기심 때문일 것이다. 동물의 세계에서는 사냥을 하여 먹더라도 남는 것은 다른 동물들에게 넘기므로 남는 것을 별도로 보관한다는 개념이 없는 데 비해, 인간은 미래를 대비하는 고등동물답게 남는 것을 보관하여 미래에 소비하거나 다른 물건과 교환하는 등의 경제행위를 하고 있다. 인간의 이기심이 적절한 수준에서 제어되면 합리적 교환의 원리가 작용될 수 있지만, 과도하면 남의 것을 강제로 빼앗으려는 전쟁의 원리가 적용될 수 밖에 없다. 이긴 자가 모든 것을 갖는다는 노래도 있듯, 빼앗으려는 자와 빼앗기지 않으려는 자들 간의 전쟁은 그야말로 국가나 공동체 간의 목숨을 건 혈투가 아닐 수 없다. 인류의 전쟁역사는 비록 겉으로는 대의명분으로 포장하고 있지만, 실상은 이러한 탐욕을 실전으로 보여준 기록인 것이다.

이러한 남의 것을 빼앗는 전쟁의 원리가 꼭 적대적 국가 간에서만 나타난다고 할 필요는 없다. 나라 안에서도 권력을 쥔 자가 권력을 자기에게 유리하게 행사하고, 그 결과 자기 소유를 부당하게 빼앗긴 자들은 반발하는 적대적 긴장관계가 조성되는 사례는 늘상 있는 일이다. 우리의 과거 조선 당쟁사를 보면 당쟁에 함몰된 파당들은 서로 간에 그럴듯한 대의명분을 내세우고 서로 극렬하게 싸우고 있다. 그런데, 신기한 것은 권력 교체에 성공한 파당들은 한결같이 종전에 부르짖던 대의명분보다는 파당의 이익을 위하여 골몰한다는 점이다. 소위 '고된 시집살이했던 며느리가 더 엄한 시어머니가 된다' 는 속설처럼 탄압받았다고 주장하던 집단들이 종전의 집단보다 더 센 권력을 행사하는 현상을 보이는 것이다. 개구리가 되었는 데 올챙이적 생각을 하는 것은 잘못된 것이라고 주장하면서 말이다.

미국의 생물학자인 가레트 하딘(Garrett Hardin)은 1968년 12월 13일 사이언스지에 기고한 '공유지의 비극'에서 '공유 자원에서 보장되는 자유는 모두를 파멸의 길로 이끈다'고 경고한 바 있다. 하딘은 각 개인이 자기의 최대이익을 위하여 자기의 목초지보다 공유 목초지를 우선 소비하므로 공유목초지가 황폐하게 된다는 비극임을 이야기한 것이다. 그러나 이해관계자들이 서로 상의하여 조정할 경우 공유목초지가 그렇게까지 황폐하게 되지는 않을 것이라는 반론도 있다. 이해관계자들이 공동체 유지를 의식하면서 어느 정도 양보와 타협을 하여야 가능한 일이다. 그러나 우리나라 현실에서 이러한 일이 과연 가능할지 의문이다. 정치 계층의 파당성은 조선시대 못지않고, 국민들도 타협 조정에 익숙하지 않기 때문이다. '공유지의 비극'의 공유목초지는 꼭 초지에만 한정되지 않을 것이다.

국민과 기업들이 어려운 여건하에서 열심히 경제활동을 하여 얻은 소득의 상당부분을 국가가 징수한 세금도 그 대상이 될 수 있다. 공동체를 위하여 꼭 필요한 사업이 아니라 경제성이 없거나 가치가 없는 사업에 정략적으로 포장하여 사실상 자기의 이익을 위하여 세금을 쓰도록 하는 것은 국민의 세금을 '공유지의 비극'의 초지로 만드는 일이 아닐 수 없다. 배고프니 '황금알을 낳는 닭'을 우선 먹고 보자는 일이다. 돌이켜보면, 우리 경제 개발 초기의 국민들과 지도자들이 겪은 배고픔은 지금보다 훨씬 더 심했을 것이지만, 경제를 일으킨다는 미래 비전을 갖고 수출품을 만들고 수출과 관련된 산업을 우선적으로 만들어 노력하여 오늘의 경제발전을 이룩한 것이다. 경제발전의 결과 우리나라 국민의 소득은 크게 늘어났고, 누진세율이 적용되면서 고소득자의 세금 부담은 크게 늘어난 반면, 세금을 안내는 인구도 절반이나 된다고 한다. 어찌되었건, 이렇게해서 모여진 세금을 '공유지의 목초지'처럼 여긴다면, 완공된 시설의 관리 비용도 마련하지 못하는 경제성 없는 건설사업, 최저임금을 자영업자의 부담한도를 초과하는 보통임금으로 만들어 놓고 자영업자가 부담해야 하는 임금의 일부를 세금으로 지원하는 일, 연간 70조원 이상을 투입하고 있지만 성과를 내지 못하는 공교육 덕분에 학부모의 사교육부담을 가중시키는 일, 이런저런 명목으로 세금으로 현금을 나누어주면서 근로의욕을 떨어뜨리는 일 등을 하게 된다. 결국, 공유목초지를 공유황무지로 바꾸는 일이다.

과거 경제위기에서 버팀목 역할을 했던 우리나라의 재정이 이제는 세계적 경제 위축, 저출산고령화 등으로 인하여 적자재정으로 바뀐다는 전망이 나오고 있는 이때에 재정의 규율을 재정립해 나가야 할 때이다.

격화소양의 유감 [애플경제 2019.05.09]

　격화소양(隔靴搔癢) 이라는 사자성어가 있다. 가려운 발바닥을 신발을 신은채로 긁는다는 말인데 이렇게 하면 발바닥이 시원할 리 없다. 즉, 무엇인가 필요한 일이 나타나서 일을 하기는 하는 데 핵심을 찌르는 일은 하지 못하고 변죽만 울리는 꼴을 묘사하고 있다. 신발을 신은채로 긁는 사람도 나름 열심히 하고는 있지만 발바닥은 여전히 가려워 매우 답답한 심정이다.

　최근 우리나라의 정치경제상황을 지켜보는 우리도 매우 답답하다. 최근 벌어지고 있는 상황을 다음과 같이 우화적으로 표현할 수 있을 것 같다. 발바닥은 가려워하고 있는 데 주인은 신발을 신고있는 상태에서 발바닥을 긁고 있는 장면부터 시작된다. 발바닥은 주인에게 '신발을 벗고 긁으세요' 하고 외쳐보지만 주인은 신발을 벗으면 마치 큰일이 나는 양 신발을 벗을 생각이 없는 모습이다.

　'참고 기다리면 곧 시원해질거야' 하면서 계속 애꿎은 신발만 긁고 있다. 드디어 발바닥은 화가 나서 외친다. "신발 벗고 긁으면 되잖아. 발의 바닥 신세인 나도 아는 데 너는 뭐하고 있냐?" 발의 주인께서는 신발이 얼마나 좋은 지를 발바닥이 잘 몰라서 그런다고 여겼는지 '이 신발은 '족보있는 신발'이어서 신발만 긁어도 시원해져'라고 차근차근 설명한다. 설명을 들었는데도 가려움증이 가시지 않고 있자 발바닥은 불만을 멈추지 않는다. 주인은 이렇게 잘 설명해 주었는데도 이럴 수 가 있나 하는 불만이고, 발바닥은 이럴 바에는 차라리 다른 사람이 와서 긁어주었으면 하는 심정을 표현하기 시작한다.

위의 장면에서 신발은 무엇일까? 현 정부가 출범한지 이제 막 3년째에 접어들면서, 지난 2년간의 성과를 평가하는 움직임이 활발하다. 대통령 취임사에서는 국민통합, 화합, 공정 등의 단어가 화려하게 쓰였다. 2년이 지난 지금 이러한 단어들은 빛을 잃고 있다. '진정한 국민통합과 소통'이라는 단어는 '중단없는 적폐청산'과 '대화단절' 이라는 단어로 대체된 느낌이고, '기회는 평등하고, 과정은 공정하고, 결과는 정의로울 것' 이라는 내용은 청와대 대변인 등 고위공직자들의 부동산, 주식 투기사건, 노조원의 고용세습사건 등으로 희화화되면서 실제 우리가 부닥치고 있는 현실은 평등, 공정, 정의와는 전혀 거리가 멀다는 사실을 보여주고 있다.

지난 정부의 낙하산 인사를 비난하면서 인사의 대원칙으로 제시된 '능력과 적재적소' 원칙이 실제에서는 지난 정부의 낙하산인사 수준을 훨씬 능가한다고 어느 정당은 지적하고 있다.

대통령취임사에서 쓰인 단어의 뜻이 우리가 쓰는 단어의 뜻과는 다른 것이 아닌가 하는 생각이 들 정도이다.

더 심각한 것은 아무래도 경제가 아닌가 한다. 이른바 '족보'가 있다는 소득주도성장정책으로 최저임금을 급격히 올린 결과 고용대란을 초래하면서 소득 양극화를 더욱 악화시켰다는 것이 일반적인 평가이다. 상황이 악화되자 국민의 세금으로 일자리창출에 60조원이상을 쓰면서 '세금주도성장'이라는 별칭을 얻게 되었지만 공공부문과 단기 알바자리만 늘어났지 제조업일자리는 줄어들면서 실업자는 오히려 130만명으로 크게 늘었다. 더구나, 올해 1/4분기 경제성장률이 미국, 일본의 상승세와는 동떨어지게 10년3개월만에 마이너스로 전환되면서 이제 우리 경제의 내리막이 본격적으로 시작되는 것이 아닌가 하는 위기감이 크게 고조되고 있다. 최근 매일경제가 최근 주요대학 경제학과 교수와 국내 국책 민간연구소 연구원 등 경제학자 100명을 대상으로 문 정부 출범 2년간의 경제정책에 대한 설문조사 결과 보도는 그 동안의 경제정책이 '족보있는 신발'에 가리워져서 발바닥의 가려움을 해소하지 못한 결과를 잘 보여주고 있다. 100명중 F학점 28명을 포함 C 학점이하를 준 학자가 87명이나 되었는데, 전문가들은 '2년간 정책실험을 했는데도 성과가 나타나지 않은 현실을 제대로 받아들이지 못하는 정부의 존재가 더욱 위기상황이라고 판단되며, 이념적 테두리에서 벗어나 검증되지 않은 정책으로 실험을 하는 우를 더 이상 범하지 말아야 한다'는 의견을 제시하면서 '특단의 대책이 없으면 위기가 현실화할 수 있는 위기 직전 상황으로 인식했다'고 보도하고 있다.

이제 신발의 정체가 명확해졌다. 진정한 국민통합, 소통, 평등, 공정, 정의 등의 미사여구와 이념적 색안경으로 만들어진 정책들을 '족 보이는 신발'이라고 우기는 한 가려운 발바닥의 괴로움은 해소될 수 없다. 발바닥의 괴로움을 해소시켜주는 정책은 신발을 벗기는 일 말고는 없다. 시장경제체제에서 부가가치 창출의 주역인 기업의 경제활동을 보장하고 사유재산권을 존중하면서 경제를 성장시키는 정책이야말로 신발을 벗기는 일이다. 미국을 위시한 많은 나라가 기업을 지원하기 위하여 노력하여 경제를 성장시키고 있는 것을 타산지석으로 삼아야 할 것이다. 아무쪼록 국민의 발바닥이 시원해지면서 다시 한번 경제를 살리겠다는 의지를 재충전하게 되는 날이 오기를 정말 고대한다.

문 정권에서 커지는 국민의 기회비용 [애플경제 2019.12.05]

　　최근 문재인 대통령과 검찰의 대결국면은 점입가경이다. 자기 편인 줄 알았던 검찰총장이 문 대통령의 분신으로 여겨지는 조국 전 청와대 민정수석 및 가족의 표창장 위조, 사모펀드 투기의혹 등을 수사하면서 대통령과 여당의 갖은 수사 중단압력을 뿌리치고 있기 때문이다. 대통령과 여당은 검찰의 수사를 소위 검찰개혁이라는 명분으로 방해하려고 갖은 방법을 동원하지만 불협화음만 요란하다. 대통령과 여당으로서는 답답한 노릇이겠지만 아직도 살아있는 권력의 부정부패를 수사하는 검찰의 자세에 많은 국민은 응원하고 있다. 조국 사건이 신호탄이 되었는 지 새로운 사건들이 줄줄이 튀어 나오고 있다. 조국이 민정수석으로 있을 때 감찰을 중단한 고위공무원 유재수의 뇌물 사건, 작년 지방선거에서 대통령의 친구인 울산시장을 당선시키기 위한 공작의 배후가 청와대라는 의혹사건이 기다렸다는 듯이 터지면서 문 정권은 엄청난 타격을 입고 있다. 또 무슨 일이 터질지 궁금해진다.

　　문 대통령은 현 검찰총장을 임명한 자신의 선택을 무척 후회하고 있을 것이다. '순간의 선택이 10년을 좌우한다'는 오래전의 광고문처럼 자신의 선택으로 정권이 좌우될 가능성이 높아졌기 때문이다. 인간은 매 순간 선택을 하면서 살아간다. 중국집에서 짜장면을 시킬 지 짬뽕을 시킬지 하는 단순한 선택도 있지만, 어느 학교를 가야하는 지,

어느 배우자와 결혼을 하여야 행복하게 살 수 있는 지 인생을 걸고 고민해야하는 선택도 있다. 보다 크게 보면 선거에서 나라를 누구에게 맡겨야 하는 지 하는 선택도 있다. 갈림길을 만나 하나의 길을 선택하여야 할 때 이득이 더 큰 길을 선택하는 것은 너무나 당연하다. 이 때 선택되지 않은 길이 갖고 있는 이득을 포기하게 되는 데 경제학에서는 이를 기회비용으로 정의한다. 문 대통령 입장에서 보면 지난 정부 적폐수사를 충실히 하는 인물을 검찰총장으로 임명하는 것이 다른 사람을 선택하는 것보다 이득이 더 크다고 여겼기 때문일 것이다. 이는 문 대통령이 신임 총장을 임명하는 자리에서 '살아있는 권력도 수사하라'고 호언한 것은 설마 자기 편을 수사할 것이라고는 아예 생각도 하지 않은 자신감의 발로이었을 것이다. 어쨌든 자유민주주의국가에서 범죄를 수사하는 책무가 있는 검찰이 더구나 문 대통령이 선택한 검찰총장이 살아있는 권력을 수사하라는 대통령의 말씀을 충실히 이행하겠다는 데 문 대통령은 별로 할 말이 없을 것이다. 일본의 검찰이 권력의 시녀 소리를 듣다가 1976년 살아있는 권력인 다나카 총리를 록히드 뇌물사건으로 구속하면서 검찰의 위상을 재정립한 사실에서 볼 때 검찰개혁의 핵심은 역시 문 대통령의 말대로 살아있는 권력을 수사하는 것임이 틀림없다. 새로운 전기가 되기를 기대한다.

그러나, 선택이 말처럼 쉽지는 않다. 이득을 객관적으로 평가하기는 매우 어렵고 더구나 숨어있는 비용을 제대로 파악하기는 더 더욱 어렵다. 이득과 비용에 영향을 미치는 요인이 끊임없이 변화하는 환경으로 인하여 달라져 이를 예측하는 데 한계가 있기 때문이다. 그럼에도 조직이나 나라를 이끄는 지도자가 이러한 변화를 이해하지 못하고 자기만의 독선에 사로 잡혀 시대의 흐름에 처져있다면 위기는 피할 수 없다. 또, 유유상종이라는 말처럼 이런 유형의 인간들이 주변에 가득할 때 그 조직이나 나라의 꼴은 더 말할 나위도 없다. 우리는 이미 조선시대 말 무능한 집권층이 세상 돌아가는 현실을 외면하고 당리당략에 매달려 실생활에 도움이 안되는 이념을 가지고 국민을 편가르기 하는 데 만 몰두하다가 결국 나라를 망치고 국민을 구렁텅이로 빠뜨린 역사적 사실을 알고 있다. 최근 우리나라의 전반적인 정세를 볼 때 무능한 정권이 결국 한강의 기적을 만든 나라를 지키지 못할 것이라고 국민들이 불안해 하는 것이 그다지 큰 무리는 아니다.

문재인 정부는 지난 정부를 탄핵시키는 데 성공하고, 이후 실시된 선거에서 불과 41%지지로 집권하였다. 자기들만이 이 땅에 정의와 공평을 실현하고 국민을 통합할 수 있다고 달콤하게 공언하고 지난 정부가 한 일은 청산되어야 할 적폐로 규정하면서 검찰력을 동원하여 수 많은 사람들을 단죄하였다. 정권이 바뀌면서 지난 정부사람들을 이렇게 탄압한 것은 6.25전쟁이후 처음일 것이다. 그러나, 이제 집권 2년반동안 이념을 앞세워 현실을 무시한 정책으로 과거 정부보다 더 큰 새로운 적폐는 나날이 쌓여가고 있고, 이에 비례하여 국민의 고통은 날로 늘어나고 있다. 손을 대는 것마다 마이너스를 만드는 '마이너스의 손'으로 조롱받고 있다. 최저임금인상, 주52시간제 등 한 쪽 편만 바라보는 편향된 경제정책으로 기업의 경쟁력을 없애고 있어 좋은 일자리는 지속적으로 사라지고 있고, 급등하는 집 값에 헛발질 규제만 되풀이하면서 소득양극화는 경제위기 수준으로 치닫고 있다. 검찰총장 인선에서 보듯 자기만의 세상에 빠져 판단능력을 상실한 역량 없는 무리들이 권력을 유지하려고 선전선동으로 현실을 호도하고 비판세력 탄압, 심지어는 선거개입 공작 등을 마다하지 않고 있다. 통합의 정치는 실종되고 경제하려는 마인드는 사라지면서 국민들은 선택을 잘 못한 크나 큰 기회비용을 치루고 있다. 이제라도 국민들은 달콤하게 속삭이는 선전선동술과 과대 포장된 이득에 현혹되지 않도록 냉철히 분석하여 아닌 것은 아니라고 하는 용기를 내어야 잘 못된 선택의 고통을 조금이나마 줄여나갈 수 있을 것이다.

청와대 국정감사장에서의 경제성장률 논란을 지켜보며

[애플경제 2019.11.07]

지난 11.2 국회의 청와대 국정감사에서 청와대 수석비서관들이 보여준 행태는 국민의 대표인 국회를 우롱한 것으로 크게 비판받고 있다. 야당의원 발언을 못 참고 발언권을 받지 않았는 데도 벌떡 일어나 고함을 치면서 회의를 방해한 정무 수석,경제정책의 가장 기초인 경제성장률 조차 답변 못하는 경제수석 등이 가장 돋보였다. 시키지도 않은 발언을 하는 사람이나, 시켜도 답을 몰라 뒤편에 배석한 실무진에게 물어서 답변하는 장면은 청와대가 국민을 대표하는 국정감사를 그야말로 봉숭아 학당과 같은 코메디로 만들었다. 청와대라는 권력이 국회의 주인인 국민을 우롱하는 장면이 아닐 수 없다.

더욱, 흥미를 유발시킨 것은 경제성장률, 특히 예산상의 경제성장률과 관련, 기획재정부 차관 출신끼리의 질의 응답장면이다. 기획재정부에서 예산실장, 제2차관을 역임한 예산통인 자유한국당 송언석의원이 예산안의 국세수입을 정하는 데 기초가 되는 내년도 경제성장률을 물어본 것은 자연스러운 일이었다. 경제성장률을 실제보다 높게 정할 경우 세금 수입액이 줄어들면서 재정적자가 늘어날 수 있기 때문이다. 이미 국회에 제출된 내년 예산안은 재정수입보다 31조5천억이나 더 많은 사상최대규모의 적자 지출예산을 편성하면서 국가부채를 크게 늘렸다. 경제가 추락하면서 세금이 당초 예상보다 적게 들어 올 경우 국가부채를 늘릴 수밖에 없어, 정부가 전망한 2023년 국가채무 GDP의 46.4%인 1,061조원 보다 더 늘어나게 되어 국민의 부담을 가중시킬 우려가 있다. 그런데 뜻밖에도 송언석 의원의 행정고시 후배로 경제정책을 담당하는 기획재정부 제1차관을 역임한 이호승 경제수석은 답변을 제대로 못하였다. 송의원이 경제정책의 기초인 경제성장률도 모르는 사람이 어떻게 경제를 총괄하느냐 하고 강하게 질책한 것은 너무나 당연하고, 어떻게 보면 선배로서 충고라고 해석할 수 있는 대목이다.

현 정부는 역대 어느 정부보다도 국정을 각 부처 장관보다는 청와대 중심으로 운영하고 있다는 인상을 주고 있다. 각 수석들이 현안마다 등장하면서 내각은 청와대 지시를 이행하는 기구에 불과하다는 평가를 받고 있다. 이러한 관측이 맞다면 청와대 경제수석은 우리 경제의 사령탑인 셈인데 내년도 경제성장률을 정말 몰랐을까 하는 의문이 든다. 경제정책통으로 알려진 경제수석은 지난 10월, 우리 경제가 위기를 맞고 있다는 시중의 이야기를 강하게 반박하면서 내년에 우리 경제가 회복된다는 주장을 한 바 있다. 나름대로는 문재인 대통령이 여러 차례 우리 경제가 올바른 길을 가고 있다느니 성공하고 있느니 하는 주장을 뒷받침해보려고 한 것 같으나 현실을 모른다는 여론의 질타만 받았다. 이 때 기초자료인 경제성장률 수치를 챙겨보았을 것이다. 정부는 올해 경제성장률을 당초 2.7%라고 전망하였지만 1년이 다되어가는 현재는 2.0%로 보고 있고 일부 기관은 1%대로 추락하는 것으로 전망하고 있다. 내년에는 세계경제 악화로 1%대 잘해야 2% 초반대로 전망하는 기관들이 많다.

경제수석은 결국 예산상 실질경제성장률은 2.6%, 경상성장률은 3.8%라고 간신히 답변은 하였지만 현실과는 너무 거리가 있는 수치라 답변하기가 껄끄러웠을 것 같다는 생각도 든다. 경제가 추락하면서 올해 국세수입은 8월 기준으로 전년 동기대비 8.4%나 감소하였다.

작년 국세수입이 10.6%나 늘어난 것과 비교하면 심각하며, 내년도에는 더 감소할 것으로 보인다. 현 정권은 말로는 경제가 회복된다고 하면서도 내년 예산안은 마치 경제위기가 온 것처럼 호들갑이다. 포퓰리즘 수준의 사상최대규모 지출로 예산을 편성하면서 나라의 빚을 더 늘려 후손에 전가하고 있다.

경제가 선순환 되어서 성장률이 높아지고 고용이 창출되는 것이야말로 가장 훌륭한 복지이다. 일할 수 있는 사람을 국민의 세금으로 연명시켜 근로의욕을 없애는 것은 복지가 아니라 사람을 망치는 일이다. 또한 성실하게 그리고 갖은 고생을 하면서 경제활동을 하여 세금을 내는 납세자를 모욕하는 일이다. 그러나 현 정부는 집권 후 아무런 검증 없이 수십조원의 재정지출계획을 추진하는 만용을 보이다 결국 아무런 성과를 못내고 세금만 낭비하였다.

내년 예산까지 포함하면 근 1백조 원에 달하는 일자리사업예산, 건강보험의 보장성을 강화한다는 30조 원규모의 '문재인케어' 정책, 손쉬운 공공부문 일자리를 늘리면서 150조 원에 달하는 공무원을 포함한 공공부문의 인건비, 각종 무상 수당 등의 현금성 무상복지 시리즈

등이 대표적인 사업으로 꼽힌다. 더 황당한 것은 최저임금을 급속히 올리면서 고용주의 인건비를 보조하는 일자리 안정자금을 매년 2~3조 원 편성하고 있고, 주52시간제 강제시행에 따른 임금 손실 보전 등 국가의 경제정책실패를 국민의 세금으로 민간 기업에 보조하고 있고, 사업비 24조 원규모의 대규모 사업을 예비타당성조사를 면제하면서까지 경제성을 검증하지도 않은 채 예산에 포함시키고 있다. 일 할 능력이 있는 사람이 남이 낸 세금이나 빚으로 먹고 살면서 후손에게 빚을 물려주는 나라가 제대로 된 나라인가? 황금알을 낳는 오리를 잡아먹는 꼴이다. 방만한 낭비성지출과 경제성장 하락으로 인한 수입 감소로 나라의 곳간은 텅 비어가고 있다. 나라의 위기가 닥쳤을 때 어떻게 극복할지 난감해진다. 보다 못한 IMF도 세입대책없이 지출만 확대하면 국가빚이 감당하기 어려울 것이라고 경고하는 지경에 이르렀다. 지금이라도 낭비성의 재원을 시장경제의 주역인 기업의 경제활동을 적극 지원하는 데 쓰이도록 과감하게 예산지출구조를 혁신해 나가야 한다. 기업을 통한 일자리복지가 무상복지보다 백번 낫다. 이제 국가예산을 다루는 기획재정부는 청와대 종속상태에서 벗어날 고민을 할 때이다.

'한 꼬마, 두 꼬마, 세 꼬마 인디언'으로 시작되는 미국의 동요는 세계적으로 유명하고 우리에게도 매우 친숙한 노래이다. 이 노래는 1868년 미국인 Septmus Winner의 '열 꼬마 인디언'이라는 노래의 동요판이라고 하는 데, 열명의 인디언들이 이런저런 사고로 한명씩 차례로 죽어 결국 아무도 없게 되었다는 내용이다.

영국의 유명한 추리소설 작가 애거서 크리스티도 이를 모티브로 하여 '열 개의 인디언 인형'이라는 세계적인 추리소설을 썼다. 외딴 섬에 각기 다른 사유로 초청받은 10명의 남녀가 폭풍우때문에 섬에서 나오지 못하는 상황을 설정하고는, 이들이 한명 한명 이렇게 저렇게 살해당할 때마다 응접실에 놓여있던 열개의 인디언 꼬마 인형들이 하나씩 사라져 결국은 모두 없어진다는 내용이다. 범인은 이들 10명중 한 사람인 전직 판사인 데, 그는 '심증은 있으나 물증이 없어' 법의 심판에서 빠져나온 자들을 자기 방법으로 심판한 것이다. 소설의 인디언 인형 리스트는 불의한 범죄자들이 물증을 없애 일시적으로 처벌을 피하였더라도 누군가의 심판까지 피할수는 없다는 권선징악의 경고장이다.

최근 집권기간의 절반을 지낸 문 정권에 각종 의혹사건이 속출하면서 정권이 궁지에 몰리고 있다. 불공정의 화신으로 승격된 조국과 그 가족의 사건을 시발점으로 현 정권의 실세로 떠올랐던 고위공무원 유재수의 뇌물사건, 2018년 지방선거 공작혐의를 받고 있는 황모 전 울산지방경찰청장, 이를 지시한 것으로 의혹을 받고 있는 청와대의 백모 비서관 등의 이름이 거론되고 있고, 모 병원에 대한 부정대출의혹 등이 꼬리에 꼬리를 물고 있다.

벌써 나타나고 있는 권력누수현상 때문에 앞으로도 의혹사건은 계속 터질 가능성이 높다. 문 대통령은 현 검찰총장을 임명하면서 살아있는 권력도 수사하라고 지시한 바 있지만, 검찰이 문 대통령 말대로 살아있는 권력에 대한 수사를 진행하자 불편한 심기를 검찰개혁이라는 단어로 에둘러 표현하고 있다. 집권여당을 비롯 그동안 정의의 화신을 자처하던 말깨나 하던 유명인사나 단체들이 듣도 보도 못한 해괴한 논리로 범죄자들을 옹호하면서 국민들은 입만 열면 정의를 떠들던 이들의 실체를 깨닫게 되었다. 검찰이 이에 굴하지 않고 일부 인사를 구속하는 등 성과를 내기 시작하면서 국민들은 지금 검찰이 살아있는 권력을 향하여 물증을 확보하고 범죄를 소명하려는 노력을 신선하게 바라보고 있다. 말로만 듣던 '용기있는 한 사람이 세상을 바꾼다' 는 사실을 직접 목격할 수 있게 된 것이다. 그럴수록, 권력층의 집요한 방해공작은 더욱 커지고 있다. 이들은 검찰개혁을 내세우면서 검찰조직을 흔들어 자기들 의혹수사를 방해하려는 의도를 숨기지 않고 있다. 국민에게는 자기편의 범죄행위를 권력이 나서서 은폐하려는 꼴로 비춰지고 있다.

죄를 지은 사람을 자기 편이라고 해서 처벌을 받지 않도록 하는 사회를 정상적인 사회라고 볼 수 없는 것은 너무나 당연하다. 상대편에 대하여는 어떤 명목이든 죄인을 만들던 현 정권이 자기편에 대하여는 한 없이 옹호하고 검찰 수사를 집요하게 무력화하려고 하는 것을 보면서 이들이 내세웠던 정의와 공평의 숨은 뜻이 과연 무엇인지 생각하게 한다. 역사적으로 볼때 건국초기에 잘나가던 조선이 담쟁이 격화되면서 시작된 권력층의 내로남불의 행태로 사회의 공정과 정의가 파괴되었고, 국민은 끝없는 착취에 시달려 생존의욕을 잃으면서 결국은 나라까지 망한 경험을 우리는 겪었다. 우리 국민들은 일제식민지치하에서 망국의 한을 품고 세계최빈국으로 살다가 나라를 되찾고 자유와 시장경제를 기반으로 비약적으로 경제발전을 이룩하여 세계11위의 경제대국으로 성장한 나라가 되었다. 또한 민주화도 이루었다는 자부심을 갖게 되는 나라가 되었다. 그럼에도 새로 나타난 5년짜리 권력이 대한민국의 업적을 폄훼하고 지난 정부를 적폐로 규정하더니 자기들의 신 적폐가 드러나기 시작하자 이를 덮으려고 안간힘을 쓰는 모습은 영락없이 나라를 망친 조선의 모습이다, 영화 쥬라기공원처럼 조선 왕조의 내로남불의 DNA를 되살리려는 것 같다.

죄가 있으면 언젠가는 벌을 받는다는 '10개의 인디언 인형리스트'는 아무리 살아있는 권력이라고 하더라도 죄를 은폐하려는 시도가 허망함을 알려준다. 소위 '검찰개혁' 이라는 구호로 어설프게 물증없애기를 시도하더라도 대한민국의 깨어난 국민들에게는 다 허사가 되는 일이 됨을 명심하여야 할 것이다. 살아있는 권력에 대하여도 독자적인 판단으로 구사하는 것이야말로 진정한 검찰개혁임을 새삼 강조하고 싶다.

4. 기업의 역할에 대한 直言

4

기업의 역할에 대한 直言

기업을 재 도약시켜야 하는 우리 경제 [애플경제 2019.09.06]

시장경제의 주축인 기업이 부가가치를 창출하는 중요한 경제주체임은 두 말할 나위가 없다. 기업들은 경제활동과정에서 생산요소인 노동과 자본에 대하여 임금과 배당을 지급하고, 정부에 세금을 납부하는 등 경제의 소득창출 및 순환과정에서 가장 중요한 역할을 담당하고 있다. 개인의 사유재산권을 인정하고, 자유로운 경제활동을 허용한 자유시장경제시스템이 도입된 이후 인류의 경제가 본격 성장하여 온 역사를 볼 때, 모든 나라가 자유시장경제의 틀 안에서 기업을 육성하기 위하여 노력하고 있는 것은 당연한 일이다. 우리나라도 경제발전 초기단계부터 기업을 육성하기 위하여 많은 노력을 하여 농업위주의 경제에서 대규모 제조능력을 갖춘 수출주도의 산업국가로 변신하였다. 기업들의 성장에 맞추어 정부주도의 개발정책을 과감하게 민간주도의 경제정책으로 전환한 성과인 것이다. 이러한 사실은 우리의 수출품목의 변화를 보면 알 수 있다. 경제개발 초기인 1962년 우리나라의 수출액 39백만불 중 중석, 철광, 무연탄, 생사, 말린 생선 등 1차 산품 비중이 절대적이었으나, 수출입국이라는 국가적 명제를 갖고 경제발전에 매진하여 온 결과, 2018년 수출액은 6,049억불로 늘어나면서, 세계6위를 기록하고 있다. 10대 수출품목인 반도체, 석유제품, 자동차, 평판디스플레이, 선박, 철강, 무선통신기기 및 컴퓨터 등이 수출에서 차지하는 비중이 58.5%인 3,537억불에 달하고 있는 데, 이들 품목은 1960년대에는 우리나라에 없던 기업이다.

이렇게 세계적인 기업들이 만들어지고, 이들이 발군의 성과를 낼 수 있게 한 가장 중요한 요인은 단연코 정치 경제적 리더십이다. 국민들에게 분명한 경제발전의 목표를 제시하고 우리도 경제발전을 이룩할 수 있다는 자신감과 단합을 고취하면서 기업이 육성시켜 나가는 데 성공한 정치적 리더십이 있었다. 미래비전과 혁신정신으로 무장한 기업가들이 전혀 해보지 못하였던 분야에서 과감하게 모험을 시도하여 세계적 기업을 만들어낸 경제적 리더십이 있었다. 지금으로 치면, 스마트폰을 최초로 만들어 낸 혁신기업의 상징인 애플 이상의 혁신기업이라고 평가할 수 있다. 또한, 한국경제가 고비를 맞을 때 마다 과감한 승부를 걸었던 대통령과 기업가의 놀라운 조화의 결과이며, 당시 해외 언론도 이를 '한국의 도박'이라고 표현하는 등 높이 평가한 바 있다.

최근 우리나라에서 벌어지고 있는 정치 경제적 혼란으로 우리의 경제는 직격탄을 맞고 있다. 그동안 경제를 발전시켜 온 자유시장경제원리가 현 정부의 시장과잉 개입 정책으로 인하여 심각하게 훼손당하면서, 국민과 기업의 경제마인드가 사라지고 있다. 최저임금을 평균임금수준으로 급격히 인상, 주52시간 근무 강제 등 정부가 시장에 개입하여 균형을 깨는 반시장경제 정책이 추진되면서 기업들의 경쟁력은 급속히 약화되면서 이익을 내는 기업이 대폭 줄고 있다. 상당수의 기업들은 기업경영에 한계를 느껴 해외로 탈출하거나 기업을 정리하려고 하고 있다. 창업1세대의 은퇴가 본격화되고 있지만 과중한 상속세 부담과 2세들의 경영에 대한 자신감 부족 등으로 인하여 가업을 승계하기보다는 기업을 매각하거나 폐업하려고 하고 있다. 그야말로 산업 붕괴상태에 직면하게 되면서 수출은 지속적으로 감소하는 등 민간경제의 활력은 눈에 띄게 떨어지고 있어 올해 경제성장률은 연초 2.7%성장전망에서 1%대로 추락할 것으로 대다수의 연구기관들이 전망하고 있다. 경제 추락으로 일자리가 급속히 사라지면서 청년층과 저소득 서민층이 가장 큰 타격을 받고 있자, 국민의 세금인 재정을 활용하여 각종 현금수당 신설 및 증액 등의 포퓰리즘적 복지정책을 취하고 있다. 그러나 세금수입 감소로 나라의 곳간은 비어가고 있어 국가부채에 의존하게 되면서 지속가능성에 의문이고, 미래 청년세대에게 큰 빚을 넘겨주는 세대갈등의 요인이 되고 있다. 더구나, 북한의 핵문제 등 우리를 둘러 싼 국제정세가 급변하고 있음에도 우리의 방파제 역할을 해 온 한미동맹이 약화되면서 주변국으로부터 우리를 지켜낼 수 있는 지 의문이 들게 하고 있다. 이러한 상황에서 더 심각한 것은 정치 경제 외교 안보의 모든 국가정책의 영역에서 비현실적인 이념이 우선되면서 국민들이 이념적으로 편이 갈라졌고 상대방을 서로 적폐대상으로 몰아가는 혼란상을 보이고 있다. 19세기 조선에서 비현실적인 이념에 사로 잡혀 우리의 현실과 급격히 변화하는 국제정세를 냉정하게 진단하지 못하고 당파 싸움만 하다가 일본제국주의에 나라를 내어 준 상황과 유사하다. 일본과의 합병에 도장을 찍은 사람만의 책임이 아니다. 비현실적인 이념에 사로 잡혀 편 가르기에 열중한 우물안 개구리와 같은 무능한 지도층의 책임이 아닐 수 없다.

우리나라는 이제 중대한 변곡점에 와 있다. 우리의 눈을 가리고 착각을 하게 만드는 모든 눈꺼풀을 벗기고 맑은 눈으로 나라의 현실을 제대로 보고 미래를 대비하게 하는 국민통합의 리더십을 재정립하여야 한다. 미래의 주역인 청년들이 베네주엘라 같은 이념 과잉으로 망한 나라가 아니라 자유로운 경제활동으로 지금 우리보다 더 발전한 나라에서 살아야하기 때문이다.

일자리정부에서 없어지는 일자리를 애도하며

[애플경제 2019.05.19]

우리는 가끔 '붕어빵에는 붕어가 없다'는 말을 한다. 무엇인가 있는 줄 알았더니 사실은 없더라하는 역설적인 상황을 비유하면서 남을 비판할 때 주로 쓰이는 말이다. 대체로는 이름값을 못하는 실체에 대한 비판이다. 예를 들면 '붕어빵에 붕어 없듯이' 민주당에 민주가 없고 공화당에 공화가 없다. 또는 '정치계에 정치인이 없고, 법조계에 법조인이 없다'고 말씀하시는 분도 이러한 상황을 비판하는 것이다. 붕어빵으로서는 억울할 수밖에 없다. 붕어빵은 붕어 모양으로 만든 빵이지 진짜 붕어로 만든 것은 아님을 모두 다 알고 있음에도 이렇게 거론되고 있으니 말이다. 물론 동화속의 가상현실에서는 붕어빵도 붕어로 변신한다고 상상할 수 는 있다. 마치, 목각인형 피노키오가 인형을 만든 할아버지의 간절한 기도덕분에 진짜 사람으로 변신하는 동화처럼! 그러나 우리가 두 발을 딛고 사는 현실은 동화와 같은 상상속의 세계가 아니라 냉엄한 현실이다. 현실에서는 붕어빵에 붕어가 있을 수 없다. 그럼에도 가끔은 붕어빵에서 붕어가 있을 것이라고 확신을 갖고 찾아내자고 나서는 상황을 목격할 때가 있다. 이는 마치 풍차를 거인으로 생각하고 돌격하는 돈키호테의 행태와 유사하다. 현실을 있는 그대로 냉정하게 인식하는 것이야말로 가상의 유혹에서 벗어나 현실에서 벌어지고 있는 문제를 해결하는 출발점이 된다.

문재인 정부가 출발한 지 이제 2년이 지났다. 어느 정부든 자기 나름대로는 나라를 발전시키려고 노력해 왔다고 자부할 것이라고 생각한다. 저소득층이 어려운 것은 임금을 제대로 받지 못하기 때문이니 최저임금을 대폭 올려 이들의 소득을 늘려주면 결과적으로 소비가 늘어나게 되면서 경제가 성장할 것이라는 정책을 펴왔다. 또, 과도한 근로시간을 줄여서 저녁이 있는 삶을 보장한다는 낭만적 정책도 함께 추진하였다. 비록, 시장경제체제에서 임금은 노동의 수요와 공급, 생산성 등에 따라 결정되며 생산원가에 반영되므로 경쟁이 격심한 시장상황을 고려하여야 한다는 주장이 있지만 이는 자본가의 논리에 불과하며 저소득층의 소득개선이라는 이상을 구현하는 데 장애가 된다고 확신을 한 것 같다. 결국 최저임금은 평균임금에 근접하는 수준이 되었고, 주52시간제도 도입되었다. 이의 부작용으로 고용이 줄어들자 국민의 세금으로 일자리안정자금을 만들어 지원하고, 주52시간제 도입에 따른 임금 감소분도 최근 버스업계의 예처럼 요금인상과 국민세금으로 보전하도록 하는 등 국민의 부담을 대폭 늘리면서도 아무런 거리낌이 없었던 것은 오직 자기들만이 '정의로운 정책'을 실현할 수 있는 집단이라고 생각한 것으로 여겨진다. 아마도, 이러한 훌륭하면서도 '족보 있는 경제정책'에 대한 자부심도 느꼈을 것이다. 문 대통령도 "정부의 경제정책 성과가 당장은 체감되지 않을 수 있다"면서도 "총체적으로 본다면 우리 경제는 성공으로 나아가고 있다"고 말했다고 한다.

그런데, 현실은 유감스럽게도 이상이 아니라 우리가 먹고 살아야 하는 생존상황이다. IMF 한국 미션단장은 한국경제신문과의 인터뷰(5월 15일)에서 '한국처럼 최저임금이 2년간 30%가량 인상되면 어떤 경제라도 감당 못한다. 그 결과 고용이 감소하고 필요이상의 충격을 받았다'고 지적하면서, '최저임금인상률은 노동생산성내에서 묶어야 한다'고 경제학원론에 나오는 원리를 처방하고 있다. 최저임금은 말 그대로 시장에서 임금을 정하는 최저선의 가이드라인임에도 이를 시장 평균에 근접하는 수준으로 인상시킨 것은 저소득층 소득증대라는 이상적 분배론을 경제원리보다 우선한 결과이다. 급격한 최저임금인상으로 영세자영업자가 1차적으로 직격탄을 맞고, 연쇄적으로 알바 일자리마저 줄어드는 등 저소득층의 일자리가 크게 줄었다. 일자리정부를 표방하면서 현 정부가 격렬하게 비판하고 있는 지난 정부 4대강 사업 예산의 3배가 넘는 엄청난 국민의 세금을 퍼부었지만 일자리는 줄어들고 있는 역설적 현상을 맞게 되었다. 붕어빵에 붕어 없듯 '일자리정부에 일자리가 없는' 상황을 맞게 된 것이다. 구직포 기자가 급격하게 늘어나고 있으며 실업자는 역사상 최고수준이 되었다. 청년층의 체감실업률은 25%넘어가 이제는 기성세대의 무능에 대한 분노로 까지 상황이 악화되고 있다. 그 결과, 저소득층들의 소득은 오히려 줄어들고 빈부격차는 오히려 커졌다. 차라리 서민을 위한 일자리정부라고 하지나 말 것이지 하는 탄식이 높아가고 있다. 그런데, 보수수준이 높아 최저임금과는 사실상 무관하다고 여겨지는 대기업들에서도 최저임금에 미달하는 종업원들이 있다고 하고, 2019년 1분기 매출 상위 30개 상장사의 인건비 상승률 역시 2년 전 동기 대비22.9%나 상승하면서 기업의 이익이 크게 감소하였다고 한다. 미중 무역분쟁의 여파로 세계경제가 어려워지고 있고, 날로 약화되고 있는 우리 산업의 경쟁력을 확보하여야 하는 이 때에 필요한 투자 재원확보가 어려워지는 상황에 처해있다. 인건비를 감당하지 못하여 해외로 나가는 기업들이 급증하면서 일자리는 더욱 줄고 있다.

이쯤되면, 기존의 정책을 재조정하여야 하는 것이 당연할 것이다. 더구나, 많은 전문가들은 현 정부가 현실을 외면하고 한 쪽만 바라보다가 고용참사를 일으키고 미래 성장잠재력을 까먹고 있다고 현 정부 2년의 경제정책 성과를 낮게 평가하고 있다. 이들은 이제는 우리 경제가 위기국면에 접어들기 전에 구체적으로 성과를 내는 정책을 추진하라고 요구하고 있다.

그럼에도, 대통령은 우리 경제가 성공으로 나아가고 있으니 참고 기다리자면서 성과를 내지 못한 정책을 계속 하겠다고 한다. 지금 우리가 혹시 가상현실에 살고 있는 것은 아닌지 하는 착각이 들 정도이다. 시장경제 원리를 무시하고 프리드리히 하이에크가 지적한 '정부만이 이상사회를 설계할 수 있는 가장 완전한 능력을 갖췄다'는 현 정부의 '치명적 자만'은 '한강의 기적'을 이룬 선대의 업적을 기적적으로 무너뜨리는 결과를 낳고 있다. 붕어빵에서 처음부터 없었던 붕어를 찾는 환상을 버리고 우리 앞에 닥친 냉엄한 현실을 직시하는 정책적 대전환이 있기를 진심으로 바라는 바이다.

두 번째 성공스토리를 위해서 [서울신문 2012.05.27]

국제 행사에 참석하거나 해외 기관을 방문할 때면 외환위기와 글로벌 금융위기의 극복과정에서 한국자산관리공사(캠코)가 보여준 기업 구조조정 성과에 대한 높은 평가를 듣게 된다. 캠코는 외환위기 시절 다양한 선진 금융기법을 활용, 옛 대우 계열사를 비롯한 다수의 기업에 대해 구조조정과 인수·합병(M&A)을 성공적으로 완수했다.

이를 통해 한때 어려움을 겪던 기업들이 다시금 건전한 경제주체로 활약할 수 있게 했고, 공적자금인 부실채권정리기금 회수율 116%라는 경이로운 실적을 거두었다. 캠코의 이와 같은 구조조정 사례와 성과는 '캠코 성공스토리'로 엮어져 출판되기도 했다.

이뿐 아니다. 잘 알려져 있지는 않지만 외환위기 극복과정에서 발생한 개인 채무불이행자를 위해 신용회복과 금융 및 자활지원을 지속해오고 있다. 외환위기 이후 현재까지 채권액 기준 34조원, 247만명의 개인채무 미상환자를 관리해오고 있고 채무조정, 바꿔드림론 등 프로그램을 운용해 148만명의 신용회복을 지원했다.

저(低)신용자에 대한 금융지원을 통한 양극화 완화가 국가적 과제로 떠오른 현 시점이 바로 금융지원을 통한 서민의 경제적 자활이라는 새로운 성공스토리를 써내려 갈 때이다. 재무적 또는 사업적으로 어려움을 겪었던 기업을 정상화시키는 길은 기업 내부에 남아있는 고유의 경쟁력과 노하우를 사장시키지 않고 잘 활용하는 데 있다. 그리고 이는 중소기업인이나 개인채무자의 재기와 자활에 있어서도 마찬가지일 것으로 생각한다.

최근 미국 증시에 상장한 페이스북이나 과거 애플의 사례처럼 개인의 창조적 사업활동과 창업은 국민경제 전체에 큰 활력을 불어넣고 사회 전체의 후생을 증가시키는 동인이다. 그러나 중소기업청에 따르면 기술력이 있다고 인정받은 벤처기업의 경우에도 성공률이 1% 미만인 것이 현실이다.

'실패는 성공의 어머니'라는 말처럼 큰 성공은 실패의 교훈과 경험에서 나오는 경우가 많다. 따라서 중소기업의 기술혁신과 개인의 창업이 경제의 활력으로 작용하려면, 기술이나 창업 컨설팅 등 시작 단계에서의 지원뿐만 아니라 사업 실패가 인생의 실패로 이어지지 않도록 사회적 안전망을 구축해야 한다.

이제까지 우리나라에서 중소기업인의 사업 실패는 기업과 사업주뿐 아니라 가족과 친지들의 실패로까지 연결되는 경우가 많았다. 또 한 번의 실패가 평생의 족쇄로 작용해 그가 쌓아온 경험과 사업 노하우가 무용지물이 되는 등 사회적 손실을 유발하기도 했다.

실패한 중소기업인에게 재기의 기회를 박탈하고, 채권 금융기관 입장에서 실효성 없는 채권유지 비용만 발생시키는 현 상황을 타개해야 한다. 중소기업인과 채권 금융기관 모두 만족할 만한 결과를 도출하기 위해 우선 여러 금융기관에 분산된 채무를 한 곳으로 결집하는 일이 필요하다.

실제로 캠코가 지난해 기술보증기금으로부터 인수한 채권을 분석해보면, 9790명의 전체 채무자 중 기존 캠코 관리 채무와 중복되는 채무자의 수가 5171명으로 전체의 52.8%를 차지하고 있다. 이는 다중채무자 채권의 통합관리 필요성이 높음을 알 수 있는 것이다.

이에 따라 캠코는 기술보증기금, 중소기업진흥공단 등 중소기업 정책금융기관과 업무협약을 체결하고, 이들 기관이 보유한 상각채권을 인수·관리해 채권 관리비용을 절감하는 동시에 중소기업인에 대한 채무조정과 취업알선, 생활안정자금 대출 등을 통해 실패를 딛고 재기할 수 있는 프로그램을 마련했다.

중소기업인들이 실패를 딛고 재기할 수 있도록 하는 해법은 채권자 각자의 입장이 아닌 채무자 입장에서 접근할 때 찾을 수 있을 것이다. 대출기관 한 곳의 채무를 해결한다고 해도 채무자 입장에서 크게 달라지는 점은 없기 때문이다.

캠코와 채권 금융기관이 협력해 중소기업인들의 다중채무를 결집하고 관리함으로써 중소기업인들의 귀중한 경험이 우리 경제의 활력으로 작용하기를 희망한다.

열린 채용이 경쟁력이다 [서울경제 2012.07.24]

국가든, 기업이든 조직의 성패는 훌륭한 인재를 영입하고 이들을 적재적소에 얼마나 잘 활용하느냐에 달려 있다. 특히 간단한 서류전형과 짧은 면접만으로 직원을 채용해야 하는 기업 입장에서 장래성 있는 인재를 가려내는 일은 어렵고도 중요하다.

이에 따라 우리 기업들은 경쟁력 있는 인재를 확보하기 위해 다양한 방식을 도입하고 있다. 그러나 학력, 출신학교, 전공 등 손쉬운 잣대로 정형화된 인재를 채용하고 있는 기업이 아직 많은 것도 사실이다.

과거의 산업 지형은 독점적 리딩 기업이 존재하고 리딩 기업을 모방하는 다수의 추종 기업들이 시장을 분점하는 패턴을 보여왔다. 이러한 경영환경에서는 남을 잘 따라 하는 학습능력이 중요했기 때문에 뛰어난 기억력에 의존해 주어진 문제를 그 틀 안에서 해결해나가는 인재를 필요로 했다. 그래서 '왜?'라는 의문을 갖는 것은 그리 중요한 덕목이 아니었다.

스펙보다 발전가능성·창의성으로
그러나 최근의 산업 경쟁 구도는 규모가 작더라도 뛰어난 기술력이 있다면 과거와 달리 리딩 기업과 종속적 관계를 형성하는 것이 아니라 상호협력적 네트워크를 통해 새로운 경제 생태계를 조성하는 방향으로 변화하고 있다. 이러한 상황에서는 주어진 교과서의 틀에서만 답을 찾고자 하는 인재로는 한계가 있을 수밖에 없다. 교과서의 이면을 꿰뚫어보고 사회 전체적 맥락에서 네트워크 시스템 전체의 성공을 이끌 수 있는 창의적 인재가 필요하다.

이처럼 창의성이 점점 중요해지고 있음에도 아직도 다수의 학생들과 학부모들은 과도한 사교육, 입시 위주의 경쟁 등 과거의 낡은 틀 속에서 경쟁하고 있다. 그러나 교과서 밖의 창의성 경쟁에서는 부모의 관심과 경제력이 반드시 유리하게 작용하지만은 않을 것이다. 오히려 독특한 경험과 교과서 밖의 다양한 지식, 넓은 인간관계를 갖춘 창의적 인재가 사회적 네트워크 속에서 조직의 발전을 이루는 데더 적합할 것이다.

그렇다면 기업은 창의적 인재를 어떻게 구해야 할까? 과거 신분사회 속에서도 차별 없는 인재 등용을 주장했던 허균(1569~1618) 선생의 '유재론(遺才論)'을 살펴보도록 하자. 허균 선생은 하늘이 재능을 부여함은 균등한데 문벌, 신분, 출신 등을 사유로 인재 등용을 제한한다면 항상 인재가 모자란 것은 당연하다고 말했다. 또한 오랑캐에 둘러싸인 작은 나라에서 널리 인재를 구하여도 흥망을 가늠할 수 없는 상황인데도 이런저런 사유로 길을 막아놓고 도리어 "인재가 없다, 인재가 없다"하고 탄식만 하고 있으니 이런 사실이 이웃 나라에 알려질까 두렵다고 이야기하고 있다.

'10만~20만명이 군주와 왕족을 먹여살렸던' 400년 전에도 인재를 널리 등용하는 것이 이와 같이 중요했다면 '한 명의 천재가 10만~20만명의 직원을 먹여살린다'는 오늘날, 인재 등용의 중요성은 두말할 필요도 없을 것이다. 경쟁 구도가 변화하였음에도 학력, 학점, 어학점수 등 소위 스펙으로 사람의 장래성을 재단하고 채용을 제한하는 것은 과거 문벌이나 신분에 의한 차별처럼 비합리적인 일이다.

공정한 채용은 사회통합에도 기여

최근 한국자산관리공사(캠코)도 KBS '꿈의 기업 스카우트-한국자산관리공사 편'을 통해 고등학생 채용을 진행하면서 열린 채용의 필요성과 효과를 더욱 절감했다. 전국의 지원자 중에서 선발된 4명의 최종결선 진출자들은 창의력과 도전정신이 반드시 교과서에만 있는 것이 아니라는 것을 보여줬고 결과적으로 4명 전원이 채용됐다.

과거의 경력이나 성과 등에 얽매이지 않고 미래 발전 가능성을 공정하게 평가한다면 창의성, 도전정신, 협동성 있는 인재를 가릴 수 있다. 이는 기업의 생존과 도약을 위한 필수조건이다. 아울러 보통 사람들이 경쟁의 결과보다 공정하게 대우받지 못했을 때 더욱 실망하고 원망한다는 점에서 열린 채용은 갈등을 줄일 수 있는 주요한 수단으로서의 의미도 갖고 있다.

기업은 채용을 통해 창의성을 장려하는 방향으로 교육 시스템의 변화를 유도할 수 있다. 우리 기업들이 보다 적극적인 열린 채용으로 국가경제 전반의 경쟁력을 강화하고 더 나아가 공정한 경쟁을 보장함으로써 사회통합에 기여하기를 희망한다.

금융산업이 고객성공의 서포터가 되려면 [서울신문 2011.10.24]

최근 미국 월가에서 시작된 '함께 점거하자(Occupy Together)' 시위는 많은 것을 시사하고 있다.

이번 시위를 촉발시킨 것은 글로벌 금융위기를 초래해 놓고 '돈잔치'를 벌인 월가의 금융회사들의 뻔뻔함이다. 금융회사들은 그동안 이른바 '금융공학'이라는 현란한 기법으로 투자자들을 현혹해 왔다. 복잡한 파생상품 등 투기적 거래를 조장해 오다 큰 손실을 입게 되자 이 손실을 손쉽게 국민부담으로 떠넘겼다. 자신들이 무너지면 국가경제가 붕괴될 것이라고 미국 정부를 협박해 공적자금을 받았다. 그래 놓고 이 돈으로 위기 이전 수준의 막대한 성과급과 연봉을 지급해 도덕적 해이의 상징물이 됐다.

금융회사는 사적 기업이지만 화폐공급, 지급결제 기능과 같은 공공서비스를 독과점적으로 공급한다는 측면에서 이중적 성격을 지니고 있다. 때문에 면허제로 운영되고 있고 정부와 금융감독 당국의 감시를 받고 있다. 문제는 여기에 있다. 금융회사가 사적 기업과 공공서비스 공급자라는 이중적 성격을 자의적으로 활용해 이익은 사유화하고 손실은 공공의 책임으로 돌리려는 경향이 점차 증가하고 있기 때문이다.

실제 미국의 금융회사들은 2008년 글로벌 금융위기 이후 1조 달러에 달하는 구제금융을 지원받았음에도 2009년부터 매년 수백억 달러에 달하는 성과급을 지급했다. 우리도 마찬가지다. 외환위기 극복 과정에서 186조원에 달하는 공적자금을 지원받은 국내 금융회사들의 급여 수준은 생산성이 비슷한 제조업 대비 1.5배에 달한다. 이 때문에 금융권이 사회의 일원으로서의 책임을 다하고 있는지에 대한 자성과 우려의 목소리가 나오고 있다. 즉, 금융회사가 산업경쟁력 강화나 후생확대를 통해 수익을 창출하기보다 수수료로 연간 수조원대 수입을 올리는 등 고객부담을 증가시키는 기형적 수익구조를 보인다는 비판이 있는 것이다.

경제학에서 자원의 효율적 배분을 통해 사회 전체 후생을 증가시키는 것을 금융의 기본 기능으로 본다. 이러한 관점에서 은행과 같은 금융회사의 기본적 수익모델은 자금을 조달해 높은 실적을 올릴 것으로 기대되는 고객에게 투·융자하고 그 과실을 나누는 것이다. 제조업이 생산활동을 통해 부가가치를 직접 창출한다면 금융회사는 가치의 이전을 통해 유망 고객을 발굴·육성하고 고객의 성공을 도와줌으로써 수익을 창출한다. 즉, 고객의 성공이 금융회사 수익의 원천이요, 금융회사 자체가 고객의 사업을 뒷받침해야 하는 등의 사회적 역할을 해야 하는 조직인 것이다.

산업발전과 경제도약을 가능하게 하는 혁신에 있어서도 금융의 기능은 마찬가지이다. 뛰어난 혁신은 새로운 산업을 창출하고 더 나아가 기존에 없던 경제 생태계를 조성하기도 하지만, 혁신은 실패의 위험 또한 매우 높다. 따라서 혁신에 대한 시도가 끊임없이 이어지려면, 고객과 신사업의 가능성을 키워주는 금융의 역할이 무엇보다 중요하다.

경제가 어려울 때 은행 문턱을 넘는 사람들이 원하는 것은 담보에만 의존하는 전당포식 영업이나 복잡한 금융공학으로 만들어진 파생상품 등만이 아닐 것이다. 담보가 아닌 고객의 잠재력을 보고 그 꿈의 실현을 위해 투자하는 고객 지향적인 금융서비스가 절실하다.

지금까지 우리 금융산업은 한정된 자본을 유망한 분야에 효율적으로 배분해 산업화와 경제발전에 기여해 왔다. 이제는 금융소비자와 사회적 약자에 대해 배려도 해야 한다. 또 신사업에 대한 가능성에 대한 관찰과 투자를 통해 녹색기술, 첨단융합산업 등이 경제의 새로운 활력이 되도록 지원을 아끼지 말아야 한다. 이번 월가 시위와 금융회사에 대한 비판이 우리 은행들과 금융회사로 하여금 혁신의 요람이자, 공생공영의 경제생태계 조성 등 금융의 공적인 기능과 역할을 다시 한번 자각하는 계기가 됐으면 한다. 이로써 우리 금융산업이 고객을 자라게 하는 진정한 서포터가 되기를 기대한다.

우리는 무엇으로 결정하는가 [서울신문 2011.05.02]

우리는 일상에서 많은 의사 결정에 직면한다. "이리 갈까, 저리 갈까, 차라리 돌아갈까, 세 갈래 길 삼거리에 비가 내린다."는 흘러간 노래 가사에서도 의사 결정에 고민하는 모습이 보인다. 의사 결정은 개인적 판단, 이해관계자, 미래 전망 등이 얽혀 복잡한 과정을 거치게 된다. 특히 국가나 기업의 중요한 의사 결정에서 미래에 대한 전망이 엇갈리거나 이해관계가 첨예하게 대립할 경우 과단성 있고 합리적인 판단을 내리기란 쉽지 않다.

이러한 상황에서 의사결정권자가 결정의 시기를 미루거나, 이해관계자들이 결과에 승복하지 않아 조직 내에서 갈등 비용을 증가시키는 경우가 종종 있었다. 특히 우리나라는 갈등으로 인한 사회적 손실이 국내총생산(GDP) 대비 27%로 경제협력개발기구(OECD) 최고 수준에 달한다는 연구 결과가 있을 만큼 문제가 심각하다.

모든 조직에서는 의사 결정권자의 합리적 의사 결정을 보장하기 위한 다양한 절차를 정하고 있지만, 절차적 정당성을 확보하였다 하더라도 수용도가 낮다면 갈등 비용이 완전히 감소되는 것은 아니다. 의사 결정의 이러한 어려움 때문에 우리 조상들은 사적 입장에서 물러나 공동선을 우선하도록 하기 위한 장치 중 하나로 치밀한 기록 문화를 발전시켰다.

올해 상반기 중에는 병인양요때 프랑스 해군에 의해 불법 반출된 외규장각 도서 297책과 일본 궁내청 소장 1,205책의 우리 도서가 완전히 환수될 예정이다. 환수 도서의 대부분은 왕실의 대소사를 그림 중심으로 세밀하게 기록한 의궤로 세계에 자랑할 만한 우리 기록 문화의 정수로 꼽힌다. 오랜 역사를 자랑하는 이웃 중국과 일본의 세계 기록유산 등재 실적이 각각 5건과 0건임을 감안하면 우리나라가 세계 최고 수준의 기록 문화를 가지고 있다고 해도 과언이 아니다.

그러면 선조들이 이렇게 자세하게 기록을 남긴 이유는 무엇일까. 의사 결정 과정과 이해관계자의 다양한 의견이 사실 그대로 명확하게 기록되고 후세에 전해진다면, 후대 의사 결정권자들로 하여금 장기적 관점에서 소신껏 절차에 따라 신속하고 합리적인 의사 결정을 하도록 도움을 줄 수 있기 때문이다.

우리의 최근세사를 돌이켜 보면, 우리나라가 세계 10위권의 경제대국으로 성장할 수 있었던 중요한 원인 가운데 하나로 역사 의식을 갖고 시류에 영합하지 않으면서 과감하게 의사를 결정하는 리더십이 있었다는 점을 꼽을 수 있다. 민주주의와 시장경제를 국체로 신생 대한민국을 건국한 것, 대외개방형 수출경제를 지향하여 경제개발에 매진한 것, 중화학공업으로 신속하게 산업구조를 재편한 것, 민주화와 북방외교, 그리고 외환위기와 최근 글로벌 금융위기를 단호히 극복하기까지 오늘의 우리나라를 만든 중요한 선택의 기로에서 과감한 의사 결정과 이를 뒷받침하는 국민적 합의가 오늘과 같은 번영을 이끈 원동력인 것이다.

한국자산관리공사가 국가경제 안전판 기능을 수행하게 된 것 또한 신속하고 과감한 의사 결정의 산물이다. 우리 공사는 1997년 외환위기를 극복하기 위해 기존의 성업공사를 공적 구조조정 전담기구로 재편하면서 출범했다. 2003년의 카드대란, 최근의 글로벌 금융위기 등을 극복하면서 금융자산과 국가자산, 신용자산을 망라하는 종합 자산관리회사로 발전했다.

우리 공사는 그간의 구조조정 경험과 노하우를 백서와 사례집 발간 등을 통해 기록하고 정리하려는 노력을 지속적으로 기울여 왔다. 이러한 노력에 더하여 기록물 보존센터와 연구 인프라를 확충하고 공사가 가진 방대한 기록과 지식을 활용하여 국가경제와 기업경영을 자문해 주는 역할을 수행할 계획이다.

사회가 다원화되고 복잡해지면서 국가 정책과 기업 경영상의 의사 결정 과정에서 발생하는 갈등 요인을 어떻게 완화할지가 커다란 숙제로 다가오고 있다. 기록을 통해 후세의 평가를 의식하면서 공정하게 의사 결정을 하고자 노력한 선조들의 지혜를 한번쯤 다시 생각해 볼 필요가 있다.

5. 부동산 정책에 대한 直言

- 중산층을 위협하는 부동산 세금! 개편해야!
- 어느 공직자의 부동산투기 논란에 대한 상념
- 가짜 연금술사에 에워싸인 文정부

5 ··· 부동산 정책에 대한 直言

중산층을 위협하는 부동산 세금! 개편해야!

[박찬종TV 장영철의 경제직언 2019.12.04]

안녕하세요 박찬종 TV의 경제직언 코너입니다. 오늘은 종부세에 대하여 말씀드리고자 합니다.

이미 고지서를 많이 받아 보셨을 것입니다. 국세청에 의하면 올해 종부세 납부 대상자는 총 60만 명이라고 합니다. 작년보다 13만명이나 늘어난, 우리나라 전체 주택 총 소유자의 3.6%에 해당된다고 합니다. 고지금액도 3조3천억원이나 된다고 합니다. 작년보다도 무려 58% 늘어났습니다. 엄청난 금액이지요! 이미 부동산 보유로 인해서 지방자치단체에 납부한 재산세가 12조5천억원이나 됩니다. 작년보다 7.8%나 늘어났습니다. 반면 올해 국세 수입은 크게 떨어졌습니다. 올해 1월에서 8월 간 세금 수입을 보면 전년 동기 대비 3조 7천억원이나 감소했습니다. 소득세 1조6천억원, 법인세 6천억원, 부가가치세 7천억원이 떨어지는 바람에 8월 말에 중앙정부 채무는 5조7천억원이나 늘어났다고 합니다.

종합부동산세 58% 상승, 재산세 7.8% 상승! 이것은 우리국민들한테 특히 1가구 1주택 가지신 분들한테 참 엄청난 세금 부담을 안기고 있다! 이렇게 말씀 드릴 수 있겠습니다.

우리가 그 부동산을 보유하면서 이렇게 세금이 크게 늘어난 이유는 무엇이냐? 작년에 부동산 세율을 크게 인상했습니다. 또 상한선도 올렸습니다. 그리고 법으로 행정부에 위임한 가격도 행정부가 크게 올렸습니다. 오래 서울 평균 14%나 올렸습니다. 전반적으로 부동산 보유에 관련되는 세금이 크게 늘어날 수밖에 없습니다. (세금을) 늘리면서 집을 팔라는 메시지를 주는 것인데 생각보다 사람들이 집을 팔지 않고 있습니다. 최근 언론보도에 의하면 서울 집값도 22주간 계속 오른다고 합니다. 도대체 이런 현상이 왜 생겼을까요?

사람들은 이렇게 생각하고 있습니다. 하도 부동산 규제를 많이 하다 보니까 신규 주택 공급량이 크게 줄어들 것이다. 실제로 전망 상으로도 크게 줄어든 것으로 나타나고 있습니다. 또 하나는 부동산 외의 영역에서 학군 수요를 유발했습니다. 자사고를 폐지하다 보니까 학군 수요가 크게 늘어나서 명문학군이라는 대치동 목동의 집값이 크게 오르고 그 외 다른 지역도 많은 영향을 받고 있습니다. 한마디로 "앞으로 집값이 계속 오를 것이다"라는 기대감이 생긴 것이지요.

서울에 규제가 집중이 되다 보니까 요새는 지방에도 집값이 크게 오르는 현상을 보이고 있다고 합니다. 아무래도 시중의 부동자금이 부동산에 쏠리는 것이 아닌가 이런 생각이 듭니다.

그런데, 보유세 부담을 느끼는 분들이 생각보다 많습니다. 연금소득자들이 대개 그런데, 은퇴하신 분들이 연금외 달리 소득이 없는 데도, 이런 종합부동산세, 재산세 해서 강남의 경우는 1천만원을 넘는 경우가 되게 많습니다. (나는) 집 한 채를 가지고 여지껏 살아온 사람이다! 내가 집값을 올린 건 아니지 않느냐! 그런데 이렇게 오랫동안 보유하고 있고, 집 값 올라간 것이 딱 내 책임이라고 얘기 할 수도 없는데 이렇게 보유세를 많이 올려?

그래도 전에 직장에 다닐 때는 세금을 낼 여력이 있었는데 이제 은퇴하고 나서 이렇게까지 세금을 많이 내면은 우리는 어떻게 하라는 말이냐? 이렇게 하소연하는 분들이 굉장히 많이 늘어나고 있습니다. 또 공시가격이 오르니까 연금보험료도 따라 올라서 최근에 통계청 통계를 보면 우리 국민들의 비소비지출, 세금이라든지 부담금 등이 크게 늘어나면서 가처분소득이 어느 계층(소득하위계층)의 경우는 오히려 줄어드는 현상까지 나타나고 있습니다.

전반적으로 보유세는 늘어나고 집을 팔고 싶어도 양도소득세가 너무 커서 또 팔지도 못하고! 이렇게 엉거주춤한 상황을 계속 만드는 것이 과연 공정을 부르짖는 정부가 할 일인가 이런 생각이 좀 많이 듭니다.

종합부동산세는 국세입니다. 아직 (이익이) 실현 되지 않은, 집을 팔지 않는 상태에서 국가가 세금을 부과하는 것입니다. 현실적으로 은퇴하신 분들이 소득이 없는 상태에서 이러한 급증하는 세금을 부담하기는 상당히 어렵습니다. 그래서 이제는 종합부동산세 재산세에 대한 종합적인 재검토가 필요하지 않나 이런 생각이 듭니다. 이렇게 58%나 세금을 올리는 것이 과연 타당한 것이냐 여기에 대한 재검토가 필요한 것 같습니다.

그리고 1가구 1주택의 장기 거주자 분들께는 이러한 미실현된 이익에 대한 (세금)부분을 집을 팔때까지 유예해 주는 제도는 없는 건가 한번 논의해 볼 필요가 있지 않나 이런 생각이 듭니다. 어느 분들은 부동산 가격이 올랐으면 그만큼 더 세금을 내야 되지 않느냐 이런 말씀을 하고 계십니다. 맞는 말씀입니다.

그렇지만 1가구 1주택으로 장기간 살아오신 그런 분들이 그동안 세금을 열심히 잘 냈다가 이제는 은퇴하셔서 연금외에 달리 다른 소득이 없으신 분들에 대한 구제, 세금을 물리지 말자 이런 차원도 아니고 당장 소득이 없으니까 집을 팔 때까지 유예시키는 그런 조치도 한번 이제는 생각해 볼 때가 되지 않았나 이런 생각이 듭니다. 합리적인 부동산 세제개편을 기대하면서 오늘 말씀을 마치도록 하겠습니다. 감사합니다!

어느 공직자의 부동산투기 논란에 대한 상념 [애플경제 2019.04.11]

　최근 청와대 대변인의 서울 흑석동 재개발지역의 상가건물 매입건이 사회적 논란을 불러일으키고 있다. 당사자는 집 한 채 마련하기 위한 투자이지 투기는 아니라고 주장하고 있다. 원금 손실 없이 확정된 이자를 받을 수 있는 저축과는 달리 투자든 투기든 원금이 손상될지도 모르는 불확실성의 위험을 무릅쓰고 이익을 추구하는 행위라는 점을 감안할 때 양자를 구별하기는 매우 어렵다. 어떻게 보면 일확천금을 노린다는 인상을 갖는 투기가 투자보다 위험성은 더 클 수도 있다. 따라서 차제에 어느 것이 투자이고 어느 것이 투기인지 매우 궁금해져서 검색을 해 보았다.

　"Basic 고교생을 위한 사회 용어사전"(이상수 저)에서는 투자와 투기를 '생산활동'과의 관련성을 가지고 구분하고 있다. 투자는 생산 활동과 관련되는 자본재의 총량을 유지 또는 증가시키는 활동이고, 투기는 생산 활동과 관계없이 오직 이익을 추구할 목적으로 실물 자산이나 금융 자산을 구입하는 행위로 설명한다. 그런데 생산 활동의 주체가 아닌 개인이라도 거주 또는 자산 관리차원에서 집, 토지 등의 부동산이나 주식을 구입하면서 과도한 이익을 추구하는 경우가 많기 때문에 부동산업계에서는 부동산투기를 어떻게 정의하고 있는 지 궁금해졌다.

"부동산용어사전"(방경식 저)에서는 투기를 "기대한 개발가능성의 실현을 전제로 부동산에 금전을 투입하는 행위"로 정의를 내리면서, "보통 시장가격의 변동에 따른 매매차익을 얻기 위하여 토지, 물건, 재산 등을 매매하는 행위이나 부동산의 경우는 도박에 가까운 이상적(異常的)·비정상적인 규모의 이익을 취득할 목적으로 금전을 투입하는 수가 많다"고 설명하고 있다. 또 부동산투기의 특징 9개를 들고 있는 데 그 중 "시장조사를 하지만 모험적·도박적 금전투입을 감행한다"는 부분이 가장 눈에 띄었다. 투자나 투기나 시장조사는 하리라는 생각이 들지만 '모험적·도박적 금전투입을 감행'하는 투기는 'High Risk, Hi Return'의 기대감을 넘어서는 비정상적인 규모의 이익 추구 때문일 것이다.

　통상 재개발사업은 한 지역의 지형을 바꿀 정도로 '거대한 개발'이 되는 사업이어서 이해관계자가 많고 인허가 절차에 장시간이 소요되어 위험이 크다.

　최근 강남의 은마아파트나 잠실의 5단지 아파트 주민들의 서울광장 시위에서 보듯 사업 절차 진행 과정에서 뜻밖의 장애물을 만나면서 오랜 기간 사업허가가 나지 않아 투자 손실내지 투자원금이 묶이는 사례도 많다. 경기상승기에는 대규모 이익이 발생되는 사업이라는 특성도 갖고 있어 수많은 투기적 거래가 이루어진다. 그래서 지나친 가격 상승을 억제하기 위하여 행정관청이 부동산거래 규제 및 세무조사 등의 행정력을 집중하는 것이 일반적이다.

따라서 이렇게 위험이 크고 내부 진행상황을 알기 어려운 재개발사업에 외지인들이 재개발지역 부동산을 그것도 이익이 극대화되는 시점이라고 평가되는 재개발사업허가 직전에 매입한다는 것은 쉬운 일이 아니므로 이러한 투자는 부동산용어사전에서 설명하는 '모험적이고 도박적인' 투기의 특징을 가지고 있음을 부인하기 어렵다.

그러면 청와대 대변인의 흑석동 재개발 부동산 매입은 투자인가 투기인가?

언론 보도에 따르면 사업허가 직전이라는 전문가가 아니면 알기 어려울 것 같은 절묘한 시점에 자기의 전세금 등을 포함한 전 재산은 물론 매입액의 64%를 빚을 내어서 매입하였다고 한다. 매입한 지 불과 몇 개월도 안 되는 시점에 비록 미실현이익이기는 하지만 매입액의 25%정도인 10억원의 시세차익을 올린 것으로 현지 전문가들은 추정하고 있다고 한다. 정기예금의 연이자율 2~3%와는 비교할 수 없는 수익률이다. 자금조달을 위하여 청와대 인근인 옥인동에서 살던 전셋집을 정리하고 청와대관사로 옮기면서 여유가 생긴 전세금이 활용되었다고 하며, 일반인들이 가계부채 억제 정책 때문에 대출을 받기 어려운 시기임에도 10억원이나 되는 큰 금액의 대출을 받아 연간 이자 부담만 3천만 원 이상이라고 한다.

투자위험에 익숙한 사업가도 아닌 사람이 이렇게 집안의 운명을 건 '모험적이고 도박적인' 운명적 결단을 내린 것은 정말 의외라고 할 수 있는데, 이는 과도한 이익이 실현될 것임을 사전에 확신하였다고 보는 것이 합리적이지 않을까 하는 생각이 든다. 다시 말해서 청와대의 핵심 고위공직자라는 권력적 지위에서 비롯되는 정보의 비대칭이 있지 않았겠나하는 생각이 들기도 하는 것이다. 워런 버핏이 제시한 "투자의 제1원칙은 돈을 잃지 않는 것"이라는 원칙을 블랙코미디처럼 생각나게 하는 대목이다.

한편, 이 문제는 고위공직자의 재산 등록 공표로 불거졌는데, 정보의 투명한 공개가 공직자의 처신을 바르게 하도록 견제하는 효과적 수단임을 입증하였다. 공직의 업무 수행과 관련된 모든 분야의 정보도 충분히 공개되어 국민들에게 해악을 끼치는 밀실 행정이 철저히 견제되는 한편 공직의 자정기능이 확대되기를 기대해본다.

가짜 연금술사에 에워싸인 文정부 [디지털타임스 2019.11.18]

최근 국토교통부는 작년 규제대책 이후 서울주택가격이 작년 11월부터 현재까지 32주 하락하는 등 문재인 정부 집권 전반기 부동산 정책이 효과적이었다고 자화자찬하면서, 문 정부 집권 후반기에도 부동산 시장 모니터링을 강화하고 민간택지 분양가상한제 추가 지정 검토에 역량을 집중하겠다고 강조했다. 현 정부 들어 무려 17차례나 반시장적 부동산규제를 쏟아냈지만 서울의 집값은 오히려 사상 최대로 폭등하고 있는 현실을 호도하고 있다는 비판을 받고 있다.

그런데, 한 가지 눈에 띄는 대목은 민간택지 분양가상한제 추가 지정을 검토하겠다는 내용이다. 국토교통부는 민간의 재산권을 침해할 소지가 높은 민간택지 분양가상한제를 도입하고, 11·6 적용대상지역을 발표하면서 동 단위로 핀셋 지정했다고 자랑한 바 있다. 그러나 제외된 지역이 현 정부 청와대 대변인을 지냈던 사람이 투자한 지역, 국토교통부장관 지역구 등으로 밝혀지자 언론의 강한 질책을 받았고, 불과 이틀 만에 추가 지정을 검토하겠다고 한 것이다. 위험이 높은 재건축 투자를 초보 투자자인 전 청와대 대변인이 자기의 전 재산뿐만 아니라 자기의 재산보다 더 많은 빚을 지면서까지 재개발지역 부동산을 매입한 것은 확실한 정보를 얻었기 때문으로 보인다. 이번 국토교통부 조치로 투자 당시보다도 예상수익이 더 높아졌다고 하니 권력의 핵심에 있었다는 사실이 투자의 위험을 없앤 '신의 한수'가 되었다고 비판을 받아도 할 말이 없게 되었다.

또 한 사람이 등장하고 있다. 이번에는 아예 가족 단위이다. 최근 전 법무부 장관이었던 조국씨 가족이 운용한 사모펀드다. 언론에서는 조국이 청와대 민정수석 시절, 이 펀드의 운영을 지원한 정황이 있음을 연일 보도하고 있다. 역대 정부의 수많은 권력형 경제사건 중 청와대 수석으로 근무하고 있는 사람의 가족이 일반 공무원은 잘 알지도 못하고 출자도 한 적이 없는 사모펀드를 운영한 것은 아마도 처음이 아닐까 싶다. 언론에서는 조국 청와대 수석이 관여한 것 같다고 문제제기를 하고 있는데 검찰 수사에서 전모가 제대로 밝혀질지 주목되고 있다. 사모펀드가 투자한 내역, 인수한 업체가 지방자치단체 발주 공사를 대거 계약하는 등 매출이 크게 늘어난 것 등을 볼 때 권력의 그림자가 보이는 것은 사실이다.

최근 도로공사의 고속도로 스마트LED가로등 사업에 도로공사 사장의 동생이 운영하는 회사가 부품을 독점 납품하고 있다는 사실이 공개된 것 등으로 미루어 볼 때 지방자치단체나 공기업 등 공공부문이 권력의 압력에서 벗어나기는 어렵다. 사모펀드가 청와대 민정수석이라는 권력을 배경으로 매출을 늘려 기업가치를 부풀리고 주가를 띄워 의도했던 대로 상장까지 성공하게 될 경우 그 가치는 수천 배로 늘어난다고 한다. 그야말로 현대판 연금술이 아닐 수 없다. 증권시장의 악덕 브로커나 하는 짓에 권력의 핵심 자리에 있는 공직자나 그 가족이 연관되었다는 것은 충격적이지 않을 수 없다.

이렇게 권력으로 부동산, 주식을 금덩어리보다 더 큰 가치를 만드는 술수를 부리는 '한국판 연금술사'에 비하면 고대 이집트, 중세 아랍과 유럽, 중국의 연금술사들이 불쌍해 보인다. 이들은 끊임없이 노력하였지만 실제 금을 만드는 데 실패하였기 때문이다. 그러나 이들은 현대 화학의 기초를 세우는 실험 결과를 남겼다.

권력으로 금을 만들려고 하다가 국민의 분노를 일으키고 건강을 해치게 한 '한국판 연금술사'보다는 백 번 낫다.

현 정부가 입만 열면 외치는 공정이니 평등이니 하는 단어가 국민을 현혹시키려는 구호에 불과한 것은 이런 자들이 권력의 핵심 곳곳에 박혀 있기 때문이다. 자기 이념에만 사로잡혀 현실에서 검증되지 않은 반시장 정책을 남발하면서 어려운 사람을 더 어렵게 만들고 나라의 곳간을 텅 비게 만들고 있는 것은 그야말로 우연은 아닌 것이다. 그럼에도 이제 임기 절반을 채운 현 정부는 그동안 부작용을 양산한 정책으로 민간의 경제활력을 크게 손상시킨 데 대한 반성은커녕 남은 임기동안에도 고집스럽게 계속 추진하겠다고 하니, 국민들이 더 이상 견디기 어려운 실정이다. 문 정부는 자유시장경제에서 현대판 연금술사는 부가가치를 만드는 기업임을 자각하여야 한다. 문 정부는 권력을 사유화해 치부하려는 주변의 가짜 연금술사를 과감하게 정리하여 이들의 마술에서 하루 속히 깨어나 기업의 활동을 장려하는 경제정책을 추진하기 바란다.

6. 우리의 미래에 대한 直言

6 우리의 미래에 대한 直言

조지 오웰이 그린 '한번도 가보지 않은 나라' [애플경제 2019.11.21]

영국의 소설가 조지 오웰이 쓴 소설 「1984년」에서는 전 국민을 감시하여 소수 지배체제를 유지하려는 공산주의의 실상을 그리고 있다. 소련의 스탈린 체제가 국민을 감시하고 잔혹하게 숙청하면서 소수의 독재체제를 유지하려는 공산주의가 만든 나라의 광기에 소름이 끼쳤을 것이다. 인류 역사상 한 번도 경험하지 못한 나라의 실상을 우회적으로 알려 후세에 경계하려고 한 것으로 짐작된다. 아마도, 문재인 대통령이 만들겠다는 '한번도 가보지 않은 나라'의 의미와 일맥상통하는 내용이 아닌가 싶다.

소설 「1984년」은 국민의 2%에 불과한 소수가 98%의 다수를 지배하려는 빅브라더의 세상을 잘 묘사하고 있다. '텔레스크린'이라는 국민들의 대화를 상시 감시하는 시스템과 이를 모니터링하는 비밀경찰인 사상경찰을 일상생활에 침투시킴으로써 국민들은 항상 누군가가 즉, 빅브라더의 눈동자가 자기들을 감시하고 있다고 의식하고 남을 불신하면서 살게 만들었다. 또, 전체주의 나치를 능가하는 거짓말과 선전선동으로 국민의 의식을 지배하려고 끊임없이 시도하고 있다. 정부부처의 하나인 '진리부'는 과거의 역사를 조작하는 일을 담당하고 있다. 현재를 지배하는 자가 과거를 지배하고, 과거를 지배하는 자가 미래를 지배한다는 모토가 있기 때문이다. 문재인 정부가 왜 끊임없이 과거의 역사를 고치려고 하는 지를 잘 설명하고 있다. 소수지배체제를 유지하기 위하여 최고 권력기관인 당은 '전쟁은 평화, 자유는 구속, 무지는 힘'이라는 반어적인 표어를 내세웠다. 전쟁으로 국민을 빈곤하게 만들고, 자유를 박탈하여 노예상태를 유지하며 현실을 알지 못하게 하여야 그들만의 평화로운 지배체제를 유지할 수 있다는 내용이 함축되어있다.

놀랍게도 조지 오웰의 이러한 선견지명은 공산주의에 전체주의를 결합한 북한과 중국에서 이미 잘 구현되고 있다. 이들 소수 공산독재 지배자들은 체제유지를 위하여 공상과학영화에서 보듯 인간의 뇌를 세뇌시켜 소수의 독재자가 자기를 구원해주는 신으로 받아들이도록 정신을 지배하려고 시도하고 있다. 그러면서도, 자유의지를 갖는 인간이 어느 순간에는 로봇과는 달리 깨어나면서 자기들만의 소수의 지배체제를 위협할 가능성에 대비하고 있다. 중국판 빅브라더인 대 국민감시망 '천망(天網)'은 중국공안이 2015년부터 2000만대에 달하는 인공지능(AI) 감시 카메라를 기반으로 구축한 범죄자 추적시스템이다. 국민을 범죄자로부터 보호한다고 하나, 최근 중국의 위구르사태나 홍콩사태에서 보듯 체제를 위협하는 사람들을 찾아내는 등 국민을 감시하고 체제수호의 첨병노릇을 하는 시스템으로 쓰이고 있다. 4차 산업혁명에 따른 기술발전으로 점점 고도화되고 있어, 인터넷망을 지배한 자가 세상을 지배하는 현대판 '빅브라더'시대에 접어든 것이다.

　최근 우리 사회에도 이와 유사한 다양한 위협요인이 다가오고 있다. 상당수는 현 집권자가 유발하고 있다는 느낌이다. 국민의 뜻을 거스리는 소수의 지배체제를 영구히 구축하기 위하여 여러 시도를 하고 있다. 지난 정부가 한 일은 모두 적폐라는 식으로 과거를 고치면서까지 국민들을 선동하고 있다. 국민을 궁핍화하기 위한 의도가 있는 것으로 의심되는 소득주도성장정책 등의 일자리를 없애는 정책, 이렇게 해서 소득이 없어지거나 크게 줄어든 국민을 상대로 국민들의 세금을 자기 돈인양 흥청망청 나누어 주면서 자기가 정의의 화신인 것처럼 행세하는 모습은 매우 전략적이다. 어려워진 경제 현실을 나타내는 통계가 마음에 안든다고 통계청장을 바꾸고, 정의를 구현하여야 하는 부처인 법무부에 조국이라는 불공정의 화신을 임명하고, 자기 편의 범죄 혐의수사는 막는 등 수 많은 사건은 그들이 입버릇처럼 떠드는 정의와 공평과는 정반대이다. 소설「1984년」공산당의 표어 중 하나인'무지는 힘이다'는 국민이 몰라야 권력의 힘이 생긴다는 뜻인 데, 이를 실천하려고 진실을 말하면 가짜뉴스라고 매도하면서 다양한 수단으로 위협하고 있고, 정부예산으로 단기 일자리를 대거 만들어 놓고는 우리 경제의 고용이 회복되고 있다느니, 심지어는 우리 경제가 성공하고 있다, 올바른 길로 가고 있다느니 하면서 국민을 속이고 있다. 그러면서, 조지 오웰이 예견한 것처럼 소수지배체제에 저항하지 못 하게 다양한 방법을 시도하고 있다. 현 정부가 지난 번 헌법개정안에서 자유라는 단어를 뺀 것과 검찰개혁 명분으로 소위 '공수처'를 설치하여 적폐수사 전문가인 검찰이 자기들이 쌓은 새로운 적폐 수사를 차단하려는 것도 이러한 맥락이다. 조지 오웰의 시대를 앞선 상상력이 몇 세기후 자유 대한민국에서 일어났다는 사실이 놀랍다. 현 정부는 지난 2년반동안 국민들을 어렵게 만든 정책을 남은 임기중에도 지속적으로 추진하겠다고 한다. 더구나, 우리 경제를 떠 받쳐왔던 안보태세를 해체하면서 국민들은 경제위기를 걱정하고 있다. 현대에서 최악으로 몰락한 베네수엘라라는 나라를 부러워하는 신세로 전락 되지 않으려면 자유 대한민국의 국민들이 깨어날 때이다.

전체주의 매듭을 풀어야 한다 [디지털타임스 2019.08.15]

최근, 우리나라는 경제 · 정치 · 외교 · 안보 등 모든 영역에서 총체적인 난국을 맞이하고 있다.

경제의 성적표인 경제성장률이 올해에는 1%대로 폭락할 것이라고 전망하는 기관이 늘어나고 있다. 미국이나 일본 등 우리보다 경제규모가 몇 배 큰 나라의 성장률 전망이 2~3%대인 것과 대조된다. 우리 경제의 주축인 제조업의 경쟁력이 크게 약해졌고, 기업 활동을 규제하는 반시장적 정책이 크게 늘어났기 때문이다.

생산성에 비하여 많은 임금을 받도록 강제하면서 급증하는 인건비를 감당하지 못하는 많은 기업들이 고용을 줄이거나 아예 폐업 또는 해외탈출을 시도하고 있다. 실업률은 당연히 늘 수밖에 없고, 이를 줄여보고자 국민이 피땀 흘려 벌어서 낸 세금으로 민간기업의 인건비를 보조해주거나, 단기성 알바 인건비를 예산에 대규모로 편성하고 있다. 또한 늘어나는 저소득층을 회유하기 위하여 이런저런 명목으로 선심성 복지성 수당을 대거 신설하여 국민의 세금을 마치 쌈지돈 쓰듯 나누어주고 있다. 국가의 곳간이 비어가지만 경제는 추락하고 있어 이제 세금도 잘 걷히지 않고, 국가가 지는 빚은 늘어만 가면서 경제위기가 다시 한번 코 앞에 와 있음을 실감하게 된다.

경제의 방파제 역할을 해야 될 정치나 외교안보 상황은 더 한심하다. 선진국에서는 이미 정리가 끝난 체제논쟁이 한창 진행 중에 있다. 대한민국의 정통성을 부정하는 자들이 대한민국을 적대시한 공산주의자들을 독립유공자로 만들려는 움직임을 보이고 있고, 북한의 독재자를 칭송한다는 무리들, 심지어는 북한을 조국으로 여기는 자들이 줄을 이어 나타나고 있다. 북한의 핵이 우리뿐만 아니라 세계 평화를 해치고 있음을 감안하여 UN이 주도한 북한 비핵화 국제제재를 '우리 민족끼리'라는 허황된 구호로 무력화시키려는 시도가 이어지면서 우리 경제 및 안보의 핵심인 미국과 일본의 관계가 소원해지고 있다.

최근 일본과의 수출규제 분쟁과 관련해서는 일본측의 문제제기를 방치하다가 촉발된 측면이 있다. 즉, 작년 징용배상 관련 대법원 판결에 대한 일본의 문제제기 및 제3국 중재요청, 올해에는 반도체 소재지만 핵 제조용으로 전용될 수 있는 에칭가스의 제3국 유출 여부에 대한 일본의 의문 제기 등에 대하여 외교적으로 충분히 설명하였다는 뉴스는 접하지 못하였다.

결국, 일본의 수출규제에 명분을 준 것이 아닌가 하는 생각이 든다. 우리 정부는 일본과의 협의보다는 우리 국민을 상대로 일본이 경제보복을 한다느니, 침략을 한다느니 하면서 국민의 반일감정을 일으키고 있다. 급기야 세계 최빈국인 북한과 협력하는 '평화경제'를 건설하여 일본을 이기자는 황당한 주장까지 하면서 우리 산업이 직면하고 있는 당장의 어려움을 외면하고 있다.

반일을 통하여 한반도 유사시 전초기지 역할을 할 일본과의 협력을 차단하고, 나아가서는 미국과의 동맹관계도 정리하여 중국몽(中國夢)과 함께 할 모양새다. 그러나 우리의 경제 및 안보의 방파제 역할을 하여온 미·일과의 협력관계가 약화되는 기미를 보이자 북한은 연일 미사일 발사, 핵 보유 과시 등 힘자랑하면서 대한민국을 아예 무시하고 있어 우리만 평화를 구걸하는 짝사랑 연인의 모습이다.

우리를 옴짝달싹하지 못하게 칭칭 묶는 매듭의 상당수는 우리가 자초하였음에도 불구하고 매듭을 풀 방법을 찾지도 못하고 있는 장면은 마치 조선시대 말의 무기력한 모습을 보는 것 같아 매우 안타깝다.

이러한 풀기 어려운 매듭을 단번에 풀 방법은 없을까? 고대 그리스의 알렉산더 대왕은 고르디우스의 매듭을 푼 사람이 아시아를 제패한다는 신탁(神託)이 있다는 말을 듣고는 매듭을 단칼에 베어서 풀었다고 한다. 풀기 어렵게 해놓은 매듭은 이를 방해하려는 장애물이므로 현혹되지 않아야 한다는 통찰력과 발상의 전환이 놀랍다.

지금 우리나라에는 우리나라를 기적적으로 발전시킨 원동력인 자유민주주의와 자유시장경제를 억압하고 포퓰리즘을 기반으로 국민을 선동하는 전체주의 매듭이 난무하고 있다.

본질을 호도하는 매듭의 허상을 간파한 알렉산더 대왕처럼 우리 국민들은 이러한 반자유주의적이고 전체주의적인 매듭을 단번에 잘라

내는 '깨어있는 국민'이 되어야 한다. 선동에 넘어가지 말고, 몽상이 아닌 현실을 직시하는 합리적인 정책이 수립되도록 전력을 다해야 이 난관을 돌파할 수 있다.

대한민국의 진정한 '광복'을 기대하면서... [애플경제 2019.08.14]

우리나라가 일본제국주의의 식민지 지배에서 벗어난 지 74년이 되었다. 아무런 희망도 없던 이 나라가 어려움을 극복하고 세계11위의 경제대국으로 성장한 것은 우리 역사에서 선견지명의 리더십을 보여준 훌륭한 대통령과 국민들이 합심한 결과가 아닐 수 없다. 그러나 호사다마라고 우리 경제가 최근 현 정부 2년간 급속하게 추락하면서 시중에서는 경제위기가 오고 있다는 이야기가 무성하다. 환율이 급상승하고, 주식시장이 흔들리는 등 경제지표가 급속히 추락하는 모양새가 마치 1997년의 IMF외환위기 직전과 비슷한 상황이라는 위기감 때문이다.

1997년에 우리가 겪은 외환위기는 전 세계적이 아닌 아시아에 국한된 외환관리상의 위기였음에도 쓰나미를 막아내지 못하여 엄청난 희생을 치루었다. 은행과 기업의 연쇄파산으로 인하여 금융부실채권의 규모가 당시 GDP규모의 43%인 219조원에 달하였고, 이듬해인 1998년에는 실업자 연평균 146만3,000명, 실업률 7.6%로 대폭 상승하였다. 그나마, 재정이 비교적 건전하였고, 막대한 부실채권정리에 성공하면서 외환위기를 극복할 수 있었지만 아직도 그 후유증은 깊게 남아있다.

우리나라와 같은 소규모 개방경제가 외국에서 일어나고 있는 환경의 급격한 변화에 제대로 대응하지 못할 때 나라가 파산할 수도 있다는 교훈이 되었다.

이번에 맞게 될 지도 모를 경제위기는 1997년의 IMF외환위기 때와는 차원이 다른 세계적인 복합적인 위기가 될 가능성이 높다고 한다. 우리경제를 이끌어 온 제조업의 경쟁력이 추락하고 있고, 한편으로는 과거 경제발전과정에서 수출입국(輸出立國)의 효자노릇을 한 순조로운 국제교역환경도 미중 무역분쟁, 세계경제의 블록화 등으로 인하여 불확실성이 늘어나면서 무역의존도가 70%가 넘는 우리 경제의 수출감소세가 무려 9개월이나 지속되고 있고, 세계10대수출국 중 우리나라의 수출감소폭이 가장 높다. 우리나라의 경제성장엔진이 급속하게 식어가면서, 올해 경제성장률은 1990년대의 평균경제성장율 6.4%에 크게 못미치는 1%내지 2%초반에 머무를 전망인 데, 이는 우리보다 경제규모가 훨씬 큰 미국과 일본보다도 낮다. 경제의 주역인 기업이 부실화되는 현상이 나타나고 있는 데, 한국은행 조사에 의하면 영업이익으로 이자도 갚지 못하는 기업의 비중이 전체의 36%나 되고 있고, 연체율도 점점 늘어나고 있다고 한다.

금융정보업체 에프앤가이드에 따르면, 상장기업 중 주요 135개기업의 2019년 2분기 영업이익이 전년동기대비 39.1% 하락한 22.7조원인데, 이는 역대 최악이었던 2019년1분기 영업이익 하락폭 33.3%를 넘는 수준이라고 한다. 소위 일자리정부라는 말이 무색하게 실업률은 올해 6월 현재 4.0%, 113.7만명으로 외환위기 이후 처음으로 6개월 연속 4%대를 기록했고, 청년실업률은 10.4%, 45.3만명, 특히 제조업 붕괴를 실감하는 제조업취업자수도 지속적으로 하락하고 있다. 현 정부의 트레이드마크 정책인 소득주도성장정책이 인건비 증대, 경쟁력 약화, 일자리 붕괴의 악순환으로 귀결되었고, 집중적으로 사라진 저소득층 일자리로 인하여 저소득계층 소득은 급격히 감소되어 빈부격차는 오히려 커지는 참상을 초래하였다. 이러한 정책이 지속되는 한 우리의 경제가 개선될 희망은 잘 보이지 않는다는 것이 중론이다.

문제는 우리정부의 태도이다. 경제가 경제위기 수준으로 계속 악화되고 있음에도 현 정부는 경제정책이 성공하고 있다고 자화자찬하면서 바꿀 기미는 전혀 없다. 국제 교역환경이 크게 바뀌고 있는 데도 "우리 민족끼리" 하면서 북한편향적인 정책을 일삼다보니 미국, 일본, 중국 등 우리를 둘러 싼 주요국과의 긴밀한 협력관계는 어느새 사라졌다. 이제는 경제가 아니라 국가존립을 걱정해야 하는 상황에 처해있다. 오죽 했으면 우리의 과거 경제발전을 기적으로 평가하던 외국의 언론도 이렇게 단기간에 추락하는 한국경제를 놀라운 눈으로 보고 있다.

블룸버그통신은 최근 기사에서 "한때 '아시아의 호랑이(Asian Tiger)'였던 한국이 이제는 '개집(doghouse)' 신세가 되었다"면서 이는 외부의 요인보다는 내부의 요인 즉, "지난 2년간, 문재인 대통령의 사회주의적 실험은 한국 경제의 '야성적 충동(animal spirits)'를 죽여버렸다."고 명확하게 진단하고 있다.

이제 일제 식민지에서 해방된지 74년이 되었지만, 국민정서상으로는 일본과의 과거 앙금은 아직도 말끔히 정리되지 않았다. 우리는 이미 IMF 외환위기의 경험을 통하여 소규모 개방경제인 우리나라가 냉엄한 국제질서에서 생존하려면 감정만으로는 되지 않는다는 것을 비싼 대가를 치루고 얻었음에도 우리보다 경제규모뿐만 아니라 기술력, 산업경쟁력이 월등한 일본과 감정 싸움으로 불필요한 무역분쟁을 겪고 있다. 최근 일본측이 제기한 사항 즉, 한국대법원의 징용 판결이슈에 대한 제3국 중재위 회부, 한국에 수출한 핵 제조용 전략물자 유출의혹에 대하여 국제법적으로 타당한 답변을 하지 않고 있다. 오히려, 일본이 경제침략을 한다고 국민을 오도하면서 동학 죽창, 국채보상운동 등 19세기 조선시대식 처방에서부터 일본과의 50년이상 기술격차를 단숨에 따라 잡을 수 있다는 과대망상, 급기야는 세계최빈국인 북한과 '평화경제'를 추진하자는 만용 등 다양하게 무능한 모습을 보이고 있다. 당장 피해를 보게 되는 기업이나 국민에 대한 걱정은 눈꼽만치도 보이지 않는다.

조선시대 말 당파싸움에 정신이 팔려 국제정세에 무지한 쇄국주의자들이 재등장하는 모습이다. 이들의 무책임한 행태로 나라가 식민지로 전락되어 국민들이 '개집(doghouse)'에 살게된 역사가 되풀이되도록 방치하면 안될 것이다. 이제라도 국제정세와 분업관계를 정확히 이해하고, 우리보다 조금이라도 나은 점이 있는 국가들과의 선린관계를 추구하는 현실적인 국익 우선 정책으로 전환하여야 한다. 우리 국민이 단군이래 처음으로 자유시장경제를 기반으로 나라답게 만든 대한민국을 더욱 발전시켜 우리를 지배하였던 일본을 능가하는 세계의 톱클라스 나라로 만드는 것이야말로 이 시대를 살아가는 우리의 시대적 소명이자 진정한 광복이다.

최근 우리나라의 미래에 대하여 걱정하시는 분이 눈에 띄게 늘은 것 같다. 우리가 살아가는 데 가장 중요한 경제가 어렵기 때문이다. 과거 우리 경제는 경제개발 초기단계부터 이른바 '수출입국'이라는 명제를 내세우면서 수출주도 성장전략을 취하여 성공을 거두었다. 비록 선진국에 비하여 기술은 부족하지만 싼 인건비를 활용하면서 수출에 주력하는 전략을 취하였고, 이후 선진국기술을 활용하여 중화학공업 육성에 성공하는 등 추격형 경제전략을 통하여 고도성장을 할 수 있었다. 이렇게 경제가 성장하는 과정에서 자연히 일자리가 늘어났기 때문에 사람들은 미래를 긍정적으로 보고 계획을 세워나갈 수 있었다.

그러나 폐쇄상태에 있던 중국이 우리와 같이 저임을 활용한 수출전략을 쓰면서 외국인투자를 블랙홀과 같이 빨아들여 세계의 공장으로 변신하였고, 중국기업의 기술경쟁력도 이제는 우리와 큰 차이가 없거나 분야에 따라서는 오히려 더 높은 단계에 진입하고 있다. 이러한 상황에서 우리의 주요산업인 자동차, 조선 등의 산업이 점점 경쟁력을 잃어감에도 우리 기업의 신산업에 대비한 기술 개발은 각종 규제에 묶여 제자리걸음을 하고 있는 등 새로운 산업은 아직 준비되지 않고 있다.

한편, 노동생산성이 OECD국가의 절반밖에 안되는 상태에서 최저임금이 급격히 인상되면서 산업 전반에 코스트 푸시 현상 및 기업의 경쟁력이 급속히 약화되고 있다. 이익으로 차입금 이자도 갚지 못하는 한계기업들이 늘어나고 있고, 기업할 의욕을 잃어 기업을 정리하였거나 하겠다는 현상이 나타나고 있다. 작년 우리 경제의 성장률이 6년만에 가장 낮은 2.7%를 기록하였다는 한국은행의 발표는 이러한 현실이 수치로 나타난 결과임을 보여주고 있고, 올해의 경제성장률도 이보다 더 낮을 것으로 전망되고 있다.

이러한 상태에서 최근 벌어진 최저임금의 급격한 인상은 우리나라 기업 전반의 생산비 증가요인으로 작용하고 있다. 특히 우리나라 경제활동인구의 20%를 상회하고 있는 자영업을 포함한 소상공인들의 상당수가 급격한 최저임금 인상뿐만 아니라 부동산가격 상승에 따른 임대료 인상 등을 부담할 능력이 없는 것으로 나타나고 있다.

게다가 소비자들도 기업의 경영실적이 악화되면서 소득은 줄어들고, 세금 및 각종 부담금은 늘어나며 우리나라의 GDP규모에 육박하는 가계부채의 원리금 상환 부담은 증가하고 있어 소비여력이 크게 줄어들고 있다. 집에서 '저녁이 있는 삶'을 보내려는 사람들이 많아지니 비교적 장사가 잘 된다는 서울의주요 상권도 예전과 달리 활기를 잃어가는 모습이다. 결국, 매출 감소로 종업원을 줄이거나 아예 폐업하면서 곳곳에 임대한다는 현수막을 붙인 텅빈 가게들이 늘어가고 있는 것은 추락하고 있는 우리 경제를 보여주는 것 같다. 이 피해는 일차적으로 '알바' 비중이 높은 청년들과 미숙련 근로자 등 사회적으로 약한 위치에 있는 사람들에게 돌아가고 있다. 일자리를 늘리기 위하여 재정을 투입하였지만 공공분야가 아닌 민간의 일자리 창출은 계속 부진한 상태이다.

특히 우리의 미래를 이끌어나갈 청년층들의 실업률이 공식통계로도 10%를 상회하는 수준이 되면서 청년층들이 3포니 7포니 하면서 미래를 포기하고 좌절하고 있고, 부모들도 자녀세대를 걱정하는 등 어느덧 우리 사회에서는 미래를 걱정하고 비관하는 사람들이 많아지고 있다.

모름지기 나라가 존재하는 가장 기본적인 이유는 나의 것을 빼앗아가려는 외적의 침입을 막고, 국민들이 잘 먹고 잘 살도록 하는 것에 있을 것이다. 중국의 요임금시절 민정시찰을 나갔던 요임금이 어느 백발노인이 불렀다는 '함포고복 고복격양 (含哺鼓腹鼓腹擊壤)' 즉, 내가 배불러 배를 두드리고, 즐거워서 발을 구르며 흥겨워한다'는 노랫말에 감격했다는 이야기가 있다. 정치가 됐든, 경제가 되었든 나라의 궁극적인 목표를 알려주는 이야기가 아닐 수 없다.

세계의 역사를 보더라도 경제가 발전되었을 때 문화가 발전되었음을 알 수 있다.

우리 속담에도 '곳간에서 인심난다'고 하였다. 기업이 경쟁력이 약해져서 곳간이 비어감에도 최저임금을 인상하라 하고 국민들에게는 '참고 기다리라'는 정책은 지속하기 어렵다. 기업의 경쟁력이 약해지면 소득 창출이 어려워진다는 현실을 인정하고, 기업마인드를 북돋으면서 미래의 새로운 공정경제산업을 창출해나가는 노력이 그 어느 때보다 아주 필요한 시점이다.

청년 창업자는 우리의 미래 자산 [서울신문 2015.08.08]

우리 경제는 2007년 1인당 국민소득 2만 달러를 넘겨 어느덧 3만 달러를 바라보고 있다. 자원이 부족하고 산업 기반도 거의 없어 1인 당 국민소득이 100달러도 안 되던 가난했던 나라가 수출 우선 정책을 통해 산업화와 경제성장에 성공했고, 1997년의 경제위기도 비교적 잘 극복한 결과다.

그러나 최근 우리 경제는 5분기 연속 1% 미만의 성장률을 기록하는 등 저성장의 늪에서 허덕이고 있다. 고비용 구조를 극복하는 사회 시스템 정비는 아직 미진하고, 신기술 기반의 신성장동력 산업은 육성되지 못하고 있는 게 원인이다. 시장 규모는 작은데 기업 활동에 대한 규제는 많고, 저출산 고령화와 국민총생산에 육박하는 가계 부채 등으로 소비 여력까지 줄어들다 보니 기업들의 의욕은 위축되고 있다. 최근에는 구글 등이 개발하고 있는 무인자동차와 경쟁해야 하는 자동차 업계처럼 기업들은 과거에는 생각할 수 없었던 다른 업종과 벅찬 경쟁을 해야 하는 어려움에 부딪히면서 경영 위험은 더욱 커지고 있다.

이렇다 보니 우리 경제를 이끌어 왔던 제조업 등의 산업과 수출의 경쟁력은 날로 약화되고 있다. 수출 대기업들은 국내보다는 해외에 투자하려 하고 국내에는 생력화(省力化) 투자, 비정규직 확대 등 노동력 절감에 신경을 쓰다 보니 고용을 창출하지 못하고 있다. 이에 따라 이른바 좋은 일자리는 급격히 감소하고 있다. 최근 로봇 등의 기술 발전 속도를 볼 때 단순 일자리뿐만 아니라 장기적으로는 전문직종마저도 사라질 위험에 놓여 있다. 앞으로 우리나라가 성장잠재력을 획기적으로 끌어올릴 수 있더라도 이러한 구조적인 고용 불안을 해결하기는 어려울 전망이다. '최고의 복지'인 일자리 불안으로 빈부격차는 확대되고 있고 미래를 불안하게 보고 스트레스를 받는 사람들이 많아지면서 우리 사회는 점차 '분노사회'로 변하고 있는 것 같다.

이러한 상황에서 우리 청년들의 취업난은 가중될 수밖에 없다. 유럽보다는 다소 낫기는 하지만, 우리의 청년실업률도 10%를 넘어서고 있다. 고용안정성이 사라진 결과 가계는 소득이 불안정해지고, 기업은 그동안 쌓아 온 귀중한 기술이나 경험자산들을 상실할 우려가 있다. 엊그제 박근혜 대통령의 대국민 담화는 이러한 문제의식을 반영한 것으로 보인다. 청년 일자리 문제가 미래 생존을 위협하는 요인이 되지 않도록 우리가 받은 부모세대의 자식 사랑을 미래세대에게 베풀어야 문제 해결의 실마리를 잡을 수 있다는 점을 호소했다. 우리 모두 합심해 현 상황을 극복해 나가자는 절박한 심정을 느낄 수 있었다.

이른바 '좋은 일자리'가 진짜 좋은 일자리인지 다시 생각해 봐야 하는 시점에 왔다.

전 세계적인 정보기술(IT) 붐은 네이버, 카카오톡, 구글, 알리바바 등의 신생 대기업을 만들어 냈다. 최근의 한류 열풍은 드라마, 가요 시장은 물론 식품, 화장품 등에서 우리 기업에 새로운 시장 기회를 만들어 내고 있다. 이는 우리 민족의 DNA 속에 있는 문화적 잠재력이 기업가 정신 및 신기술 역량과 결합하면 경쟁력 있는 새로운 산업이 창출될 가능성이 크다는 점을 시사하고 있다. 도전 정신을 가진 능력 있는 젊은이 들이 오래 근무하기 어려운 대기업, 국민의 부담으로 운영돼 성과에 상응한 대접을 받기 어려운 공공부문 등에 머물러 있기보다는 남보다 나은 능력을 바탕으로 창업에 성공하고 주변에도 일자리를 만들어 줄 수 있는 여건이 된 것이다. 미국은 경영대학원에 진학하는 학생 대부분이 창업을 목표로 하며 1980년부터 2005년까지 창출된 일자리 4,000만개의 3분의 2를 설립 5년 미만의 기업이 만들었다고 한다.

우리도 청년 창업을 지원하기 위한 건전한 생태계를 조성해야 한다. 전국에 설치된 창조경제혁신센터와 같은 창업보육은 물론이고 창업 후 외부 위협에도 생존할 수 있는 구조, 실패하더라도 그 경험을 재기의 발판으로 활용할 수 있는 구조가 요구된다. 또 아이디어와 신기술의 가치를 제대로 알아보고 성공시키려는 진정한 모험자본이 필요하다. 청년들이 혁신 능력이 있는 중소기업을 창업해 많은 일자리를 창출하는 '제2의 한강의 기적'을 기대한다. 이들이야말로 우리 사회의 귀중한 미래 자산이 될 것이다.

변화를 통한 미래경영 [서울신문 2011.03.20]

세상에는 우리가 보고 듣는 것만 존재하는 것일까. 다소 엉뚱한 질문이기는 하지만 우리 신체는 스스로의 생존을 위해 보고 듣는 영역을 제한하고 있다고 한다. 즉, 분명히 존재하지만 우리가 인지하지 못하는 상황이 있는 것이다. 이 때문에 인간은 과학기술을 발전시켜 미지의 영역을 탐구해왔고, 지적 상상력을 동원해 문화 예술 작품을 창조해왔다.

해리슨 포드가 주연한 영화 '인디아나 존스'의 한 장면을 인용해 보자. 석판에 새겨진 지도를 따라 성배를 찾던 존스 박사는 벼랑 끝에서 지도상의 다리를 볼 수 없었다. 이 대목에서 주연배우는 실감나게 연기한다. 보이지 않지만 건너 볼까, 아니면 포기할까.

당사자로서는 목숨을 건 도박을 하는 심정이었을 것이다. 알다시피 존스 박사는 믿음과 용기를 가지고 한발을 내디뎌 무사히 다리를 건넜고, 이후 허공에 모래를 뿌리자 그제서야 다리는 실체를 드러낸다. 눈앞에 없지만 다리는 있었던 것이다. 우리의 미래 역시 마찬가지라고 생각한다.

많은 사람들이 미래를 예측하고 미리 준비하기 위해 다양한 노력을 해왔지만, 완벽한 예견은 불가능하다. 내일에 대한 대비는 개별 사안이 아니라 환경변화 및 사회 구성요소 간 변화의 흐름을 읽는 데에서 출발해야 한다. 미래를 경영한다는 것은 변화를 미리 감지하고 대응책을 마련해 나가는 것으로, 경영자라면 2~30년 후를 바라보고 능동적으로 조직을 이끄는 리더십을 겸비해야 한다.

꾸준히 번영하는 조직과 널리 활용되는 사물의 경우, 본래의 기능만으로 쓰이지 않고 시간이 갈수록 외연이 확장되고 새로운 용도로 활용됐다는 특징이 있다. 일례로 과거 수력발전을 목적으로 건설됐던 댐을 보면 최근 발전 비중은 점차 축소되고, 홍수 조절·용수 확보·관광 등 새로운 쓰임새가 추가되고 있다.

댐의 용도를 발전용으로만 한정하고 다른 활용 방안을 강구하지 않았다면 수력발전 비중이 1%대로 줄어든 지금 댐은 아마 구시대의 유물로 전락했을 것이다. 하지만 물을 가두고 저장하는 댐의 기본 기능에다 온난화로 인한 기상이변과 용수 부족 해결, 관광레저산업의 육성이라는 시대적 상황 변화가 더해져 발전 외에도 다양한 효용가치를 발견할 수 있게 된 것이다.

마찬가지로 기업도 세월이 흐를수록 핵심역량을 발휘할 수 있는 다양한 토대를 마련하고 진화해야 영속할 수 있다. 특히, 국민의 성원으로 유지되는 공기업은 경영환경의 변화뿐 아니라 국민이 원하는 공공서비스 수요에 맞춰 지속적인 혁신과 거듭나기가 필요하다.

필자가 몸담고 있는 한국자산관리공사도 창립 이래 50여 년 동안 끊임없는 변화를 통해 국가경제 발전에 기여해 왔다. 금융회사의 연체 대출금 회수 업무부터, 2009년 런던에서 열린 주요 20개국(G20) 정상회의에서 위기극복의 성공 사례로 평가받았던 부실채권 정리 및 구조조정업무, 서민금융 지원 및 국가자산 관리까지 우리 공사는 '자산관리'라는 핵심역량을 활용해 급변하는 경영환경과 공공금융서비스 수요에 선제적으로 대응해 왔다.

그러나 국가경제를 돕고 국민 기대에 부응하기 위해 여전히 갈고 닦아야 할 부분이 있다. 구체적으로 국가자산·금융자산·신용자산의 적극 관리를 통한 재정건전성 강화, 금융산업 선진화, 서민경제 활성화 및 동반성장이라는 시대적 과제를 해결해야 한다.

빠르게 변하는 세상에서 현실 안주는 퇴보를 의미한다. 보이지 않더라도 누군가는 미래를 향한 거대한 흐름을 보고 있다. 다가올 내일에 대한 부단한 분석은 보이지 않는 다리가 새겨진 존스 박사의 석판처럼 조직이 진화해야 할 방향을 보여주고, 의사결정의 순간 신념과 믿음을 실어 줄 것이다.

영화에서 존스 박사는 보이지 않는 다리를 건너 결국 성배를 손에 넣었다. 우리 기업들도 미래 흐름에 대한 지식과 소신을 가지고 끊임없이 혁신하고 변화하면 성공이라는 '성배'를 얻게 될 것으로 기대한다.

또 하나의 새로운 봄을 기대하며 [서울신문 2011.02.06]

이번 겨울은 그 어느 해보다 유난히 추웠다. 많은 사람들이 지구온난화에 익숙해지면서 "이제 겨울은 더 이상 춥지 않을 거야."하는 믿음을 가졌는데, 이번 동장군은 어찌 그리 혹독한지!

한반도가 지구온난화의 영향권에 놓이면서 여름에는 열대성 폭우가 빈발하고, 동해안에는 더 이상 냉대성 어류인 명태를 찾기가 힘들어졌으며, 사과의 재배한계선이 강원도까지 북상했다. 심지어 서해안에서는 상어가 출몰하기도 해 '조스'의 악몽이 남의 일이 아니라는 걸 깨닫게 됐다.

이상기후에 익숙해질 법도 한데 한달가량 지속된 영하 10도 이하의 강추위를 심정적으로 받아들이기가 쉽지 않았다. 학계에 따르면 지구온난화로 북극의 얼음이 녹으면서 생긴 냉기류가 따뜻한 남쪽으로 떠밀려 내려오면서 우리나라의 겨울 날씨가 모스크바 날씨보다 추웠다고 한다.

아마도 지구온난화라는 새로운 충격이 정착되어 가는 과정에서 예상외로 발생한 일이라고 짐작은 하지만, 삼한사온이 실종되면서 진정 봄은 올 것인가 하는 걱정이 슬그머니 생겨난 것도 무리는 아니다.

그러나 이상기후가 우주계의 순환법칙을 능가할 수는 없는 법. 사계절의 순환이 뚜렷한 한반도에서 혹독한 한파도 봄을 막지는 못했다. 입춘(立春)이 지나면서 봄은 어김없이 어느새 우리 곁에 살며시 다가왔다.

우리 경제도 글로벌 금융위기라는 이상추위를 맞았지만 국민과 정부가 합심하여 견뎌냈고, 이제 경기회복이라는 완연한 봄 기운을 느끼고 있다. 2009년 0.2%라는 제로성장 상태에서 벗어나 2010년 경제협력개발기구(OECD) 회원국 중 최상위권인 6.1%의 성장률을 달성했고, 올해도 5% 수준의 성장이 전망된다.

글로벌 금융위기가 대한민국의 대운(大運)을 거스를 수 없다는 것이 확인된 것이다. 이상추위처럼 혹독하게 찾아와 우리 경제에 시련을 안겨주었으나, 정부의 적극적인 재정정책과 국민의 단합된 의지로 금융위기를 신속하게 극복했다. 재정정책은 역사 이래 국가가 행하는 가장 중요한 경제정책 중 하나로서, 재정의 파급효과가 서민층에게 돌아가게 함으로써 국민을 하나가 되게 하는 효과가 있다.

역사상 성공적인 재정정책의 사례는 매우 많다. 1930년대 세계대공황시대에 미국의 테네시강유역개발계획(TVA) 등 뉴딜정책이 대표적이다. 거슬러 올라가면 우리나라나 중국에서도 그 예를 찾기가 어렵지 않다.

중국 당송팔대가의 한 사람인 소동파(蘇東坡)는 항저우(杭州)자사로 재임 중에 가뭄과 연이은 홍수로 백성들의 삶이 곤궁해지자 이를 구제하기 위하여, 수많은 시인묵객들이 그 아름다움을 글로 옮겼던, 서호(西湖)에 남북을 가로지르는 긴 제방을 축조했다. 제방을 쌓아 홍수를 방지하는 한편 백성들의 일자리도 창출할 수 있었다. 소제(蘇堤)라고 불리는 이 제방은 지금까지도 소동파의 애민정신의 상징으로서 항저우 사람들의 사랑을 받고 있다.

우리나라도 최근 글로벌 금융위기의 극복을 위해 적극적인 재정 정책을 펼쳤다. 경제위기 초기단계인 2009년도에 29조 원의 예산을 추가 투입하고, 기업과 금융 구조조정을 지원하기 위해 40조 원 규모의 구조조정기금을 한국자산관리공사에 설치하여 위기를 극복했다.

겨울이 춥지 않으면 병충해로 이듬해 농사를 망친다고 한다. 우리 국민과 정부는 글로벌 금융위기라는 혹한기를 내실을 다지고 경제 체질을 선진화할 수 있는 기회로 활용했다. 추운 겨울 뒤에 풍년이 드는 것처럼 우리 경제 또한 앞으로 더 크게 도약하면서 서민들이 고루 잘살 수 있게 되리라 생각한다.

이제 새로운 봄이 오고 있다. 이번에 찾아온 봄은 예년과는 의미가 더욱 남다르다. 경제위기를 우리 힘으로 극복한 자랑스러운 대한민국 국민이 성취한 '새로운 봄'이기 때문이다. 우리의 값진 경험이 세계 모든 나라에 전달돼 그들도 우리처럼 위기를 극복해 '또 하나의 새로운 봄'을 맞기를 소망해 본다.

2012년 벽두에 우리의 미래를 생각한다 [서울신문 2012.01.01]

이른바 흑룡(黑龍)의 해라는 2012년 임진년 새해가 밝았다. 우리 역사 속에서 임진년의 주요 사건은 1592년의 임진왜란을 들 수 있다. 임진왜란은 중국의 명·청 왕조 교체와 일본 도쿠가와 막부의 출범 등 우리나라뿐 아니라 동북아 정세에 큰 영향을 준 사건이었다. 올해는 전 세계적으로 '선거의 해'로 불릴 만큼 한국을 비롯한 미국, 중국, 러시아, 프랑스, 타이완 등 많은 나라에서 새로운 지도자를 선출한다. 임진년은 국제정세의 급격한 변화와 밀접한 관계가 있는 해인 것 같다.

따라서 우리나라는 올해 새롭게 전개될 국제정세를 주의깊게 지켜보고 대응책을 마련해야 하는 과제에 직면해 있다. 또 북한의 급변사태 가능성에 대해 철저히 대비하는 한편 주변 강대국과 긴밀한 협조 아래 통일을 위한 대책도 마련해야 하는 어려운 상황에 처해 있다.

경제 부문에서도 새로운 도전이 기다리고 있다. 과거 우리는 한 세대 남짓한 기간에 '원조 받는 국가에서 원조하는 국가'로 변신하는 놀라운 경제 기적을 이뤄냈다. 경제개발 과정에서 필연적으로 발생하기 마련인 노동권에 대한 요구를 슬기롭게 수렴해 사회적 합의를 도출해 냈다. 1990년대 후반의 외환위기를 법과 제도, 경영기법 등을 글로벌 스탠더드에 맞게 수정하는 기회로 삼아 '국내총생산(GDP) 1

만 달러의 덫'이라는 중진국 함정을 극복하고 1인당 GDP 2만 달러 시대를 열기도 했다. 이제 우리는 다시 GDP 3만~4만 달러로 대표되는 선진국 진입을 위한 또 하나의 변곡점에 서 있다.

지금까지 수출 대기업 위주의 성장이 1인당 2만 달러 시대를 이끌었다. 그러나 2만 달러를 넘기 위해서는 과거와 같은 대기업 중심의 대량생산 모델이 더 이상 통용되기 어렵다. 시장은 소량·다품종 시대로 변하고 있다. 따라서 기발한 아이디어와 창의성을 기반으로 기술력을 갖춘 중소기업의 육성이 절실해졌다. 중소기업과 대기업이 균형 있게 공존해야 지속가능한 발전이 담보되는 상황이 된 것이다. 그런데 우리 현실은 어떤가. 아직도 중소기업이 대기업의 단순 하청 업체 수준에 머무르고 있어 사회 불균형 심화 및 부의 합리적 분배를 저해하고 있다.

이 같은 불균형은 심각한 사회적 갈등과 대규모 복지비용을 유발하고, 우리나라가 선진 일류국가로 도약하는 데 저항선으로 작용하고 있다. 따라서 과거 성장모델의 한계를 뛰어넘어 갈등을 해소하고 성장의 과실이 사회의 구석진 곳까지 미칠 수 있는 새로운 패러다임이 필요하다.

변화하는 시장 환경에서 경쟁 또한 치열해지고 있다. 도태되지 않기 위해 중소기업과 근로자들의 부담은 커질 수밖에 없다. 따라서 창의성과 혁신 의욕을 가진 개인과 기업이 역량을 펼칠 수 있도록 정책적인 접근이 요구된다. 합리적 거래관행 정착과 대·중소기업이 상생하는 경제생태계 조성이 특히 필요하다. 기술력 있는 중소기업의 고용창출 효과를 감안한다면, '일자리가 최선의 복지'라는 차원에서도 이들 기업의 지원은 당연하다.

아울러 경쟁과 혁신의 과정에서 탈락하는 경제 주체들이 희망을 잃지 않고 다시 한번 도전할 수 있는 사회안전망을 구축하는 일도 시급하다. 현재 정부는 금융 분야에서 담보 위주의 여신거래 관행과 연대보증제도를 개선해 실패 후 재기를 적극 지원하고 인력 양성을 위한 프로그램을 운용하고 있는데, 이러한 계획을 더 보완해야 할 것이다.

과거의 성공 방식이 항상 통하는 건 아니라는 사실은 상식이다. 지금 우리나라의 경제·사회적 환경은 과거와는 비교할 수 없을 정도로 달라졌다. 올 한해 가치의 총량을 늘리는 것만큼 산출된 가치가 사회구성원 전체의 복리로 연결되는 새로운 시스템에 대한 연구가 충분히 이루어졌으면 한다. 성장과 분배에 대한 성숙한 논의가 2만 달러의 저항선을 뚫고 선진국으로 비상할 수 있는 약으로 작용하게 될 것이 분명하다.

노벨상 만드는 건 스펙 아닌 인내와 노력 [서울신문 2015.10.27]

　최근 노벨상 수상자 발표가 있었다. 필자의 눈길을 가장 끈 수상자는 생리의학 부문에서 수상한 중국의 86세 투유유 여사다. 중국 본토 출신의 첫 생리의학 노벨상 수상자가 된 투유유는 전 세계에 100여개 국가에서 연평균 3억명이 감염되는 말라리아 치료제를 찾기 위해 무려 40년 이상 끈질기게 노력했다고 한다. 그런데 놀라운 것은 투유유가 박사 학위가 없고, 해외유학 경험도 없으며 학술원 회원도 아니라는 점이다. 소위 스펙이 없는 과학자다. 우리처럼 연구자의 스펙을 중요시하고 단기적 성과를 지향하는 분위기와는 사뭇 대비된다.

　세계가 인정하는 노벨상 중 과학 분야의 수상자가 한 명도 없는 우리의 현실을 돌아보게 된다. 사실 기초과학 연구에서 노벨상을 수상할 정도의 큰 성과를 낸다는 것은 정말 어려운 일이다. 거대한 자연의 운행 원리를 인간이 소상히 파악해 낸다는 것이 어디 쉬운 일이겠는가. 연구자들은 끝이 어디인지 알 수 없는 마라톤 경기에 참여한 기분일 것이라는 생각이 든다. 출발은 했지만 끝은 보이지 않고, 몸은 점점 지쳐 가니 중도에서 탈락하지 않을까 하는 두려움과 불안감이 엄습해 올 것이다. 이를 극복하면서 자기의 연구가 인류 발전에 공헌한다는 자부심을 갖고 장기간의 힘든 연구과정을 참아내는 것은 아무나 하기 어려울 것 같다.

따라서 기초과학 연구에서는 다른 분야보다도 더 연구자 선정이 중요하다. 자연현상을 꿰뚫어 보는 능력뿐만 아니라 어려운 과정을 강한 정신력으로 이겨 나가는 인재가 중요하다. 이러한 것들은 스펙으로 만들어지지 않는다. 투유유의 예를 볼 때 연구성과를 내는 데 스펙은 그다지 중요하지 않다. 실제 역대 노벨상 수상자의 상당수가 스펙이 좋거나 연구 이외의 외부 인사들과의 교류에 신경을 쓴 사람이 아니고 자기 연구만 꾸준히 한 사람들이다.

심지어 어떤 노벨상 수상자는 상을 타러 갈 때 처음 비행기를 탔다고도 한다. 더 중요한 것은 적합한 연구자를 선정했으면 믿고 오랫동안 기다려 주는 자세다. 설혹 성과를 못 내더라도 감싸 주고 다음 연구의 발판으로 삼는 분위기를 만들어 주어야 할 것이다. 단기 성과를 재촉하는 순간 연구자는 연구에 집중하기보다는 단기에 성과를 못 내는 이유를 설명해야 하는 어려움에 부닥치게 될 것이다.

그런데 문제는 이러한 요건을 갖춘 연구자를 찾아내기가 참 어렵다는 점이다. 타고 난 인재도 물론 있겠지만 어렸을 때부터 궁금한 일이 생기면 매사를 지나치지 않고 관찰하며 해답을 찾아 나가는 교육훈련이 필요하다. 그러나 우리의 현실에서는 대학입시라는 큰 장벽에 가로막혀 이러한 교육훈련을 지속하기가 어렵다. 더구나 단기간에 성과를 극대화하려는 사교육이 공교육을 밀어낸 현실에서 학생들은 스스로 문제를 해결하는 능력이 떨어질 수밖에 없다. 막대한 비용을 부담하는 학부모로서는 단기 성과를 중시할 수밖에 없다.

저소득층 학생들은 잠재 능력이 있다고 하더라도 사교육의 장벽을 넘어서기가 현실적으로 어려워 국가 전체적으로 볼 때 인재의 풀이 작아지고 있다. 특히 단기에 투자비용을 보상받기 어렵고 공부하기도 어려운 기초과학의 인재풀은 크게 줄어들고 있다. 어려운 결정을 내려 이공계에 입학한 학생들은 기초학력 부족에 시달리고 있는 등 기초과학 연구에 맞는 인재를 확보하기가 점점 어려워지는 실정이다. 국가의 경쟁력이 결국은 과학기술의 역량에서 비롯되므로 학벌 등과 관계없이 능력 있는 연구자들을 연구에 전념하도록 국가가 장기간 적극적으로 지원해야 한다. 이공계 진출이 사회적으로 크게 보상받는 제도를 정착시키는 노력도 필요하다.

중국의 투유유가 연구한 개똥쑥은 중국의 고대 의학서뿐만 아니라 우리나라의 전통 의학서인 동의보감, 향약집성방에도 학질(말라리아)에 효험이 있는 것으로 기록돼 있다고 한다. 우리도 우리의 전통 의학서를 계속 연구하면 어느 순간에는 노벨상에 도전할 수 있는 연구 성과도 나올 것이라는 기대감이 생긴다. 비록 허울뿐인 스펙은 없지만 인내와 끈기로 인류 구원의 사명감을 가진 연구원이 장시간 노력하면 상은 알아서 찾아올 것이다.

우리의 미래를 생각하면서 [서울신문 2011.11.28]

'우리 만남은 우연이 아니야'라는 노랫말처럼 사람들의 만남은 정말 우연이 아닌 것 같다. 우리는 수많은 사람과 관계를 맺고 사는데 상대방을 언제 어떻게 보느냐는 문제, 즉 만남에 있어서 정확한 인식과 적절한 타이밍이 매우 중요하다.

예를 하나 들어 보자. 1912년 4월 영국을 출발해 미국 뉴욕을 향하던 타이타닉호는 인근을 지나던 캘리포니아호에서 보낸 빙하에 대한 경고를 무시하고 전속 항해를 계속했다. 결국 빙하와 충돌한 타이타닉호가 침몰할 때 가장 가까운 거리에 있던 선박 역시 캘리포니아호였다. 바닷속으로 가라앉던 타이타닉호는 사고 현장에서 16㎞ 거리에 있던 캘리포니아호를 향해 조명탄과 무선통신을 활용해 구조신호를 보냈으나, 캘리포니아호는 조명탄을 선상 불꽃놀이로 잘못 인식했다. 설상가상으로 때마침 무선사도 자리를 비운 상태였다. 그 결과 타이타닉호의 승객 1500명 이상이 사망하는 불행이 일어나고, 캘리포니아호 또한 타이타닉호의 침몰을 가장 가까이에서 방조한 배라는 불명예를 얻게 되었다. 만약 불꽃을 조명탄으로 제대로 인식하고 무선사도 사고 당시 제자리에 있었다면 많은 사람이 구조됐을 것이다.

사업에서도 이런 일들이 종종 생긴다. 1970년대 서울에 볼링장이 단 두 곳밖에 없던 시절에 한 지인이 그중 한 곳을 경영한 적이 있었는데, 크게 재미를 보지는 못했다. 당시 우리나라의 소득 및 여가생활 수준에서 볼 때 볼링장은 다소 이른 감이 있었기 때문이다. 소득이 올라가고 여가문화가 활성화된 10년 후였다면 큰 성공을 거두었을 것이다. 사업을 할 때 사회환경적인 여건과 적절한 사업 개시 시점을 항상 고민해야 하는 까닭이다.

현재 우리나라는 수백년 동안의 폐쇄성을 극복하고, 전 세계를 상대로 활발하게 교류하고 있다. 세계 아홉 번째로 무역 규모 1조 달러를 돌파하고 경제규모 세계 10위권이라는 눈부신 성장을 이룩했다. 이 같은 발전은 그동안 한반도라는 울타리에 갇혀 있었지만 기마민족의 DNA가 정부의 강력한 수출산업 육성정책, 그리고 개방화라는 시대의 흐름에 맞춰 발현된 결과라고 생각한다.

시대의 흐름과 우리 민족의 기질이 잘 맞아떨어져 일어난 시너지 효과뿐만 아니라 자유무역을 지향하는 국가들과 관계를 잘 정립한 것이 선진국으로 진입할 수 있었던 성공 요인이라고 본다. 2차 대전 종전 당시 세계 5대 강국으로 평가받던 아르헨티나가 수입대체산업 육성과 같은 내부지향적 정책으로 시대 흐름을 놓치고 선진국 문턱을 넘지 못한 사례만 보더라도 개방적인 관계 형성의 영향을 알 수 있다.

중국도 마찬가지 경험을 갖고 있다. 세계제국을 건설한 당나라와 콜럼버스보다 80여년 빠른 시기에 동아프리카 연안까지 진출했던 명나라는 국제적인 감각과 개방성을 유지하고 있을 때 세계 최고 국가의 지위를 누렸다. 그러나 이후 문호 개방에 소극적인 입장을 취하면서 내부 분란과 함께 망국의 길로 들어서고 말았다. 우리 역사에서도 구한말의 쇄국정책이 나라를 쇠퇴시킨 결과를 가져왔다는 것은 주지의 사실이다. 반면 일본은 선도적인 개화와 적극적인 개방을 통해 한때 세계 2위의 경제대국으로까지 성장할 수 있었다.

불가에서는 모든 사람과 현상이 독립적이지 않고 상호관계하는 인연이 있다고 한다. 기독교에서도 만물을 주재하는 신과의 관계가 모든 것의 연결고리로서 작용한다고 본다. 이러한 연결이 선하게 발전하면 우리가 사는 세상과 각자가 맺고 있는 관계에 있어 더 좋은 일이 일어날 것이다. 시간적 스펙트럼으로 국가의 미래를 조망하고, 대내외적 비전을 구현시킬 수 있는 사람들이 선한 관계로 연결되고, 우리의 이웃 국가와 좋은 관계를 형성해 나간다면 국가의 미래 또한 더욱 발전되리라고 믿는다.

본질 중시하는 성숙한 사회를 만드는 길 [서울신문 2011.09.26]

최근 몇년 새 스타를 꿈꾸는 연예인 지망생들이 치열한 경쟁을 벌이는 서바이벌 오디션 프로그램이 방송 예능 프로그램의 새로운 조류로 자리 잡았다. 방송국 또한 살빼기 경쟁, 집얻기 경쟁 등 시청자들의 관심을 끌 만한 서바이벌 프로그램을 선보이느라 '서바이벌'을 벌이고 있는 듯한 느낌이다.

필자는 매주 새로운 화제를 뿌리고 있는 '나는 가수다'라는 프로그램을 눈여겨보고 있다. 이 프로그램은 방송되자마자 단연 화제가 됐다. 이유는 신인이나 지망생이 아닌 실력 쟁쟁한 가수들이 경연을 벌이고 청중평가단의 평가 결과에 따라 꼴찌가 탈락한다는 내용과 형식이 시청자들에게 '신선한 충격'으로 다가왔기 때문이다. 무대가 감동적이기도 하지만 노래라면 둘째가라면 서러워할 가수들도 저렇게 벌벌 떨게 만드는 방송도 있구나 하는 인식을 새삼 하게 됐다.

가수들이 뜨는 이유는 그들의 본질에 카메라를 들이댔기 때문이 아닐까. 그동안 방송가에서는 노래보다는 외모, 입담, 춤과 같은 다른 요소들로 가수들을 평가해 왔다. 그러다 보니 가수들도 본업인 노래를 젖혀놓고 토크쇼에 나와 한담을 늘어놓거나 연기로 눈을 돌려 돈과 인기를 얻는 것에 부끄럼이 없었다.

'나는 가수다'는 '가수는 노래를 잘 부르는 사람'이라는 지극히 상식적이지만, 모두가 등한시했던 기본 전제를 환기시켜 준 역할을 한 셈이다. 그동안 본질과 상관없이 활동하던 가수들에 대해 불편한 구석을 가지고 있었으나 적극적으로 표시하지 않던 대중을 일깨워 폭발적인 반응을 이끌어 냈다. 야구로 치면 '적시타'와 같은 프로그램이라고 할 수 있다.

가수들이 갖추어야 할 기본은 가창력이라는 숨어 있는 정서를 밖으로 끌어낸 이 프로그램이 지금 사회에 시사하는 바가 크다. 바야흐로 우리 사회가 본질, 즉 실력은 없으면서 겉으로 잘 꾸미고 위장하는 모든 것을 더 이상 용인하지 않는 시대로 가고 있음을 말해 준다. 대중이 단지 노래 잘하는 가수를 원하는 것처럼 사회와 기업 안팎에서 본분의 역할을 잘하는 인재, 본질을 간파하는 주장, 본연의 임무를 수행하는 사업 등을 원하고 있는 것이다.

공자는 이미 2500년 전에 '임금은 임금다워야 하고, 신하는 신하다워야 하며, 아버지는 아버지다워야 하고, 자식은 자식다워야 한다.'고 설파한 바 있다. 수세기 전에 나온 가르침에서 우리 사회는 한참 비껴서 있었다. '나는 가수다'는 본질은 놔두고 화려한 외양과 얄팍한 재주만 중시해 온 우리 사회에 경종을 울리고 공자의 가르침을 되새김하는 계기를 만들었다.

본질과 사실을 중시한다는 것은 요즘 화두인 공정하고 바른 사회를 만들기 위한 기본 토대다. 집안의 배경, 학벌, 이력서의 화려한 스펙이 아니라 한 개인이 발휘할 수 있는 실력으로 평가받는 사회와 기업 분위기 조성이 필수다.

요즘 양극화 해소와 복지확대 등 사회의 발전과 국민의 복리 증진을 위해 다양한 논의들이 쏟아지고 있는데 여기서도 본질은 중시돼야 한다. 무상급식을 둘러싼 논란에서 보듯 복지와 관련한 문제는 개인이 처한 상황, 환경, 사고방식에 따라 의견이 크게 갈릴 수 있어서다. 복지확대는 국가 발전에 관한 견해 차이로 인해 소모적인 논쟁으로 흐르기 쉬운 분야다.

이에 관해 사회적 합의를 이끌어 내기 위해서는 냉정하게 사안의 본질을 꿰뚫어 올바른 판단을 하려고 노력해야 한다. 그래야만 사회 전체적으로 불필요하고 소모적인 논쟁과 비용을 줄일 수 있을 것이다.

가수가 노래 실력으로 평가받고, 배우가 연기로 평가받듯이 사회적 논쟁이나 정책들도 궁극적 본질에 대한 논의가 이루어져야 한다는 것은 기본이다. 달을 논하는 데, 달을 가리키는 손가락을 놓고 다투는 것처럼 어리석은 일은 없다. 우리 사회가 지엽적 문제보다는 본질적이고, 중요한 문제에 대해 더 많이 고민하고 토론하는 성숙한 모습이 되기를 희망해 본다.

대학 개혁 신호탄을 보며 [서울신문 2015.09.18]

유능한 인재를 확보하는 것은 동서고금을 막론하고 중요한 과제다. 또한 사람이 사회생활을 계속하는 한 가장 중요한 과제일 수밖에 없다. 세계 역사를 보더라도 중요한 성과는 결국 능력을 갖춘 인재들이 이루어 냈고 미래에도 그러할 것이기 때문이다.

다 아는 이야기이지만, 국세가 가장 약하다고 평가받던 신라가 삼국을 통일할 수 있었던 것은 김유신이나 김춘추 같은 인물이 있었기 때문이다. 현대그룹을 일으킨 정주영 회장이 선박 발주자에게 제시했던 거북선이 그려져 있던 지폐는 우리의 조선산업을 시작하는 계기가 됐다. 영국의 물리학자 뉴턴이 보았던 떨어지는 사과는 현대 물리학의 기초가 됐다고 한다. 지금도 많은 기업이나 조직에서 유능한 인재를 확보하고자 노력하고 있는 것은 모든 경영자원 중에서 인적자원의 역량이 조직의 성패를 결정하기 때문이다.

제2차대전 종전 후 식민지 지배에서 벗어난 우리나라가 경제적으로 크게 낙후됐음에도 이른바 '한강의 기적'으로 불리는 놀라운 발전을 이룰 수 있었던 결정적 요인은 우리나라의 인적역량이라고 아니할 수 없다. 비록 식민지 저개발 상태에 부존자원도 빈약한 나라였지만, 다행히 머리 좋은 민족이라고 평가받는 우리 인적자원의 우수성이 빛을 본 것이다.

또한 근세에 들어와 조선시대 내내 끈질기게 이어진 계급이 사라지면서 실력만을 기준으로 더 넓은 인적 풀에서 훌륭한 인재를 선발할 수 있었던 것도 크게 작용했다.

교육을 통한 사회계층의 상승이 현실화되자 폭발된 교육 수요를 충족하고자 정립된 교육체제를 통해 경제발전에 필요한 다량의 인적자원을 확보할 수 있었다. '하면 된다'는 강한 기업가 정신까지 가미돼 경제발전의 시너지 효과까지 나타났던 것이다.

그런데 어느덧 사회가 크게 변모하다 보니 우리나라의 경제 발전에 크게 공헌했던 교육 시스템에 큰 위기가 닥쳐오고 있다. 사회와 경제 시스템이 종전의 대량생산, 대량소비 체제에서 소비자의 욕구를 충족시켜야 하는 소량다품종 체제로 변화하면서, 기업이나 조직에서는 이러한 추세에 맞추어 대응할 능력을 갖춘 창의적 인재를 요구하고 있다. 그러나 대량생산 체제에서 정립된 교육 시스템으로는 질적인 측면에서 이를 도저히 따라가기 어렵다. 더 큰 일은 저출산이 지속되면서 사회경제 전반적으로 경제성장 잠재력이 낮아지고 사회의 활력이 떨어지고 있다는 점이다. 베이비붐 시대에 만들어진 학교 시스템은 양적으로도 유지되기 어려운 상황이다.

통계청에 따르면, 유치원생에서 고등학생까지의 학령아동이 2010년 870만명에서 2015년 750만명, 2020년 680만명으로 감소한다. 2018년부터는 대학 정원이 고교 졸업자보다 많아질 것으로 전망된다. 많은 대학이 생존의 기로에 놓일 수밖에 없다. 이러한 현상은 저출산 고령화가 상당히 진행된 일본에서도 이미 나타나고 있다. 생존이 어렵고 연구 능력이 떨어지는 대학들을 적시에 정리하지 않을 경우 과거 경제위기 시절에 부실화된 기업이 우리 경제에 끼친 손실과 유사한 손실을 볼 수 있다. 게다가 계속 생존에 매달리도록 방치할 경우 대학 본연의 임무인 연구와 교육이 소홀히 되면서 젊은 세대가 피해를 볼 수밖에 없다.

마침내 교육부가 대학의 구조개혁 평가 결과를 내놓으면서 정원 감축, 재정지원의 기준을 제시했다. 젊은 인적자원이 급격히 줄어드는 위기 상황에 처한 교육 시스템을 재편해 글로벌 시대에 맞는 인재 육성의 기반을 갖추어야 하는 시대적 과제가 추진되기 시작한 것이다. 교육 내용이 부실함에도 등록금과 세금에 과도하게 의존하는 대학을 정리해 사회적 낭비를 줄이고 국가경쟁력을 확보해야 하는 불가피한 선택이다.

앞으로도 평가 기준을 지속적으로 보완하고 적용해 따라가지 못하는 대학들은 스스로 정리하게 하고 적극적으로 지원하는 출구전략을 마련할 필요가 있다. 우수 대학은 사회 현실과 연계되는 특성화 전략을 마련해 집중적으로 지원함으로써 사회에 필요한 인적자원을 육성해 나가야 한다. 이를 통해 교육과 관련된 재원을 효율적으로 활용, 대학들이 세계 유수의 대학과 경쟁하고 젊은 세대를 창의적인 글로벌 인재로 육성하는 기반을 마련하기를 바란다.

다가오고 있는 제4차 산업혁명 소고 [애플경제 2019.12.20]

18세기 영국에서 제1차 산업혁명은 인간이 새로운 에너지원인 '증기'를 활용할 수 있게 되었다는 점에서 종전의 패러다임을 바꾸어 놓은 혁명적 사건임에 틀림없다. 종전의 에너지원은 바람이나 흐르는 물 등 자연의 힘을 이용하거나 인간이나 동물의 노동력을 이용하였지만, 이를 대체할 수 있게 되었기 때문이다. 돛을 단 배는 바람이 불지 않으면 인간이 노를 저어야 항해를 할 수 있다. 물레방아는 떨어지는 물이 있어야 돌아 간다. 마차는 말이 끌어야 하니, 말이 없으면 무용지물이다.

즉, 제1차 산업혁명은 새로운 에너지원인 증기기관으로 이러한 일들을 대체함으로써 인간은 자기가 필요할 때 자연이나 동물의 힘을 의존하지 않고도 활동할 수 있는 자유를 확보하게 된 세계사적인 사건인 것이 다. 기계를 사용할 수 있는 에너지원을 이용하여 인간이 통제할 수 있는 운송수단을 확보하고, 대량생산체제를 확립하게 됨으로써 인류의 경제는 지역 경계를 벗어나 비약적으로 성장하는 시대를 맞게 되었다. 새로운 기술이 새로운 산업을 창출하고, 나아가 인간의 가치체 계와 제도까지 변화시키는'혁명'으로 이어지는 그야말로 패러다임의 전환을 이룬 것이다.

이제 산업혁명이 제2차, 제3차를 거쳐 '제4차 산업혁명'으로 다가오면서 어떻게 대응하여야 할 것인가가 세계적인 화두로 등장하고 있고, 세계 각국은 이에 대비하여 새로운 기술 개발과 인재 육성 등에 노력을 기울이고 있다.

현 시대는 과거와는 달리 온갖 혁신적인 기술이 넘쳐나는 시대이다. 과거 마차정도의 속도로 움직이던 증기기관차는 발전을 거듭하여 이제는 시속 300Km를 넘는 초고속 열차가 일상화되었다. 하늘을 날고 싶다던 인류의 오랜 꿈은 비행기라는 대체 수단을 통하여 실현된지 오래되었고, 우주 왕복도 가능한 시대가 되었다. 마부 없는 마차 격인 운전사 없는 '자율 주행자동차'도 곧 실현된다고 한다. 전화는 선이 있어야 한다는 고정관념을 깬 무선전화가 이제는 이동하는 컴퓨터 수준으로 발전되었다. 사람들간의 새로운 연결수단인 인터넷이 이제는 사물간에도 연결되면서 인류의 생활을 더욱 편리하게 하는 시너지 효과를 내고 있다. 이런 상황에서 오늘날에도 제4차산업혁명이 과거 인류의 패러다임을 바꾸었던 제1차 산업혁명과 같이 혁명적으로 인간의 경제패턴 뿐만 아니라 삶까지도 일거에 바꾸고 변화 시킬지 궁금하지 않을 수 없다.

제4차 산업혁명 주창자들은 '공유'를 핵심가치로 내세우고 있다. 인터넷으로 연결된 세상 에서는 순식간에 정보를 공유할 수 있으므로 참여 주체들을 연결시켜 정보와 가치를 공유 하면 새로운 것을 창출해 낼 수 있다고 본다. 제1차 산업혁명 때부터 발전되기 시작한 증기기관 등 혁신적 기술은 과거에 볼 수 없었던 대량생산이 가능한 제조업을 만들면서 인간을 컨베이어벨트 시스템처럼 대량생산기계에 묶어 놓았다. 인간이 기계의 부속품으로 전락되면서 인간을 정신적 내지 공동체적 가치가 있는 존재로 보는 것을 상대적으로 소홀하게 되었다. 이에 반하여, 제4차 산업혁명에서는 네트워크로 연결되어 있는 연결고리가 제대로 역할을 하여야 하므로 연결고리에 있는 사람에 대하여 관심을 가질 수 밖에 없다. 즉, 인간과 연결되어 있는 공동체를 존중하여야 하는 상황이므로 제1차 산업혁명의 수직적인 가치를 수평적인 가치로 변화시키는 관점이라고 할 수 있다.

어찌되었든, 인간을 보다 존중하는 경향이 나타난 것은 다행스러운 현상이라고 생각한다.

세계경제가 그동안 겪었던 수 많은 경제위기는 결국 물질 추구를 우선하는 인간의 탐욕의 결과인 점을 감안하면 더욱 그렇다. 산업이든 기업이든 공동체 내에서 존재하는 조직임을 감안 할 때, 공동체의 선을 추구하는 것이 사회적 비용을 최소화하고 사회적 효익을 최대화 하는 결과로 나타난다는 사실을 깨닫기 시작하였기 때문이다. 하바드 대의 마이클 포터 교수는 경영학의 새로운 가치로 '공유가치 창출'을 제시하고 있다. 기업의 사명은 이익창출이 라기보다는 사회가치를 구현하는 데 있다는 것이다. 사회가 변화하면서 가치관도 변화하는 것이다.

지금 우리나라는 우리 경제를 지탱해 온 제조업이 여러 가지 이유로 경쟁력을 잃어 가고 있는 시점을 맞고 있다. 기존의 사업을 고도화하면서도 새로운 산업을 창출해 내어야 하는 상황이다. 인간의 지적인 능력을 활용하는 문화예술, 과학기술 등의 소프트웨어 산업의 중요 성이 더욱 커지고 있다. 인간의 창의력으로 인간의 사회적 가치를 높이는 산업화가 이루어 진다면, 과거와는 양상이 다른 질적인 경제성장을 구현할 것으로 생각한다. 인간의 가치를 소중히 여기면서 창의적인 인재로 육성하고 지원하는 것이야말로 새로운 미래를 향한 산업을 창출해내는 강력한 기반이 될 것이다. 다가오는 '제4차 산업혁명'이 제1차 산업혁명 때와는 달리 인간 존중의 공동체적 가치를 띄고 있음을 인식하면서 대응방안을 마련할 필요가 있다.

7. 외교안보에 대한 直言

7 · · ·
외교안보에 대한 直言

하노이에서 얻을 수 있는 교훈 [애플경제 2019.03.08]

　최근 베트남 하노이에서 있었던 미국과 북한간의 비핵화관련 회담을 보면서, 핵무기의 경제성에 대하여 생각해보게 되었다. 파멸적인 능력을 갖고 있는 핵무기의 특성상 어느 일방이 공격하더라도 치명적인 반격을 받게 되는 '공포의 균형'을 이루므로, 핵무기가 공격용보다는 방어용 내지는 위협용으로 쓰게 될 수 밖에 없다. 문제는 북한과 같이 민간경제가 사실상 붕괴된 나라가 경제가 감당하기 어려운 수준으로 투입한 핵무기개발비용을 회수 할 방법이 마땅치 않다는 데 있다. 핵무기를 판매하지 않는 이상 회수할 수 없는 매몰비용이 되어 가뜩이나 비효율적인 중앙집권적 계획경제체제로 망가지고 있는 경제에서는 감당하기가 불가능한 수준이다. 더구나, 핵개발 관련 국제제재로 인하여 대외거래 등이 차단된 상태에서는 핵무기를 아무리 껴안고 있어도 핵무기가 돈으로 바뀌는 기적이 일어나지 않는 이상 굶고 있는 북한 주민의 먹고 사는 문제는 해결될 수 없다. 차라리 핵개발관련비용을 주민들의 식량 확보에 썼으면 그동안 많은 북한 주민들이 굶어 죽는 일은 없었을 것이다. 1인 장기 세습독재체제를 방어하기 위한 핵무기 개발로 인한 자원배분의 왜곡으로 인하여 안타깝게도 북한주민들이 희생되고 있는 현실이다. '정치는 호랑이보다 무섭다'는 것이 북한 땅에서 현실로 나타나고 있다.

북한은 시속 300Km 이상의 고속철도가 다니고 있는 시대에 시속 60Km의 속도의 철도로 3일간에 걸쳐 힘들게 간 이번 하노이 회담에서 핵무기개발비용을 회수할 수 있는 좋은 기회를 스스로 날려버렸다. 북한은 미국의 능력을 과소 평가하여 핵을 포기하는 척하면서 보상을 받는 '꿩먹고 알먹는' 전략을 구사하였지만 미국의 '지피지기 백전백승'이라는 손자병법 전략에 좌초되었다.

북한 주민들의 형편을 생각하기보다 1인 세습체제 방어를 선택한 것이다. 과거 구 소련이 붕괴되었을 때 소련의 핵무기를 많이 가졌던 우크라이나가 경제적 고려를 우선하여 핵무기를 포기한 것과 비교된다. 핵무기를 가지면 외부는 방어할지 모르나 내부는 별개 문제이다. 내부의 문제는 '먹고 사는 문제'에서 시작되는 것이 모든 나라의 역사적 경험이다.

이번 회담에서도 보듯이 국가를 경영하는 데 있어 무엇보다도 중요한 것은 안보와 경제이다. 안보와 경제는 상호 보완적이다. 안보는 경제활동을 보호하며, 발전된 경제는 안보를 튼튼하게 한다. 그러면, 한 국가의 경제력을 증진시키는 좋은 방법은 무엇인가? 1945년

광복이후 갈라진 남북한의 상이한 체제의 궤적을 돌아보면 답을 얻을 수 있을 것 같다.

　대한민국은 자유시장경제시스템을 도입하여 대외개방의 수출전략을 추진해 온 결과, 1950년대 세계 최빈국인 1인당 국민소득 1백 달러이하에서 2018년 3만 달러를 넘어섰고, 세계 11위의 경제대국이 되었다. '원조를 받던 나라에서 원조를 주는 나라'로 변모한 것이다. 이는 같은 민족이지만 공산주의 계획경제 체제에서 살고 있는 북한의 오늘과 극명하게 대비된다. 북한의 경제는 일제 강점기 때 집중되었던 광공업의 덕택으로 1970년대 중반까지는 대한민국보다 나은 상태였지만, 북한의 국민총소득은 2017년 기준 대한민국의 1/47수준으로 한국은행은 추계하고 있다. 최근 인공위성에서 한반도의 밤을 촬영한 사진을 보면 남한지역은 산간지역을 제외하고는 환한데 북한은 거의 암흑상태로 나타나고 있다. 해방직후에는 한반도전체 발전용량의 92%를 북한이 차지하면서 남한에 전기를 공급하다가 1945년 5월에 중단한 역사적 경험을 볼 때, 같은 민족이라고 하더라도 경제체제가 다르고 체제를 운용하는 리더십이 다르면 이렇게 결과가 천양지차로 다름을 잘 보여주고 있다. 이러한 역사적 사례는 이미 독일에서도 나타났다. 동독이 사회주의 경제의 우등생이라고 하였지만, 서독 경제력의 1/43 수준이었고 실제 통일 후 확인해보니 경제는 거의 붕괴 수준으로 밝혀졌다고 한다.

이번 회담 장소를 제공한 베트남도 사회주의 체제로 출발하였지만, 결국은 대외개방의 경제개발 전략인 '도이모이 정책'을 채택하면서 비약적으로 경제발전을 이루고 있다. 중국도 대외개방 수출전략을 채택하면서 인구만 많은 저개발국이 이제는 중요한 경제대국으로 부상하였다. 이들의 국가발전전략은 결국 한국의 경제개발 전략을 따른 것이다. 북한이 하노이에서 배울 일은 핵무기보다는 이미 많은 나라에서 국민 경제를 발전시키는 것으로 입증된 대외개방형 자유경제 시스템에 기반을 두는 경제개발 전략일 것이다.

세계몽이 되어야 하는 중국몽 [애플경제 2019.06.21]

　세상의 많은 사람들은 자기가 하고 싶거나 자기에게 유익한 일이 이루어지기를 바란다. 그렇지만 세상일은 그다지 녹녹치 않아서인지 이렇게 바라는 일 들이 순조롭게 이루어지는 경험을 하게 되는 사람은 그다지 많지 않다. 그래서 비록 아직 이루지 못한 일이지만 미래에는 이루어지기를 바라는 소망을 갖게 된다. 이러한 소망이 이루어지기를 간절하게 염원하는 것을 통상 '꿈을 꾼다' 라고 표현하는 데, 이는 꿈을 통하여 보거나 듣게 되는 초현실적인 환상 등이 앞으로 일어날 일을 미리 알려주는 것으로 믿기 때문이다.

　그러나 꿈을 꾸었다고 일이 꼭 이루어진다고 볼 수는 없지만, 뜻이 있는 곳에 길이 있는 법이다. 지구상의 위대한 의약품인 '페니실린'도 시행착오 끝에 발견된 것처럼, 미래를 '꿈' 꾸면서 노력해나가면 어떤 성과라도 얻을 수 있는 발판이 되는 것이다. 그래서, 동양에서는 사람이 최선을 다해서 노력한 후에는 하늘의 뜻을 기다려야 한다는 진인사대천명(盡人事待天命)을 강조해 왔다. '꿈'을 갖고 최선의 노력을 할 때 하늘도 감동하여 결국 일이 이루어지지 않겠느냐 하는 기대감도 반영된 듯하다. 그러나 우리 선조들은 이를 '독장수의 꿈'의 교훈적 설화를 통하여 과도한 욕심으로 헛된 결과를 꿈꾸는 위험성을 경계하고 있다. 즉, 어느 독장수가 독을 팔아 부자가 되어 즐겁게 사는 꿈을 꾸다가 환상에 취하여 휘두른 손 짓이 현실에서 독을 깨는 결과가 되는 바람에 즐거웠던 환상은 사라지고 냉정한 현실을 보게 되었다는 교훈적 이야기이다.

저개발상태의 후발 공산주의 국가이었던 중국이 경제개발에 성공하여 이제 1인당 국민소득이 1만 달러를 넘어서고, 경제규모도 세계 2위로 올라서게 되면서 새로운 꿈을 꾸기 시작하였다. 이른바 '중국몽'이다. 모택동시절 외부와 단절된 '죽의 장막'에서 어렵게 살고 있다가, 등소평의 경제개발전략과 미국의 후원에 따라 죽의 장막을 벗어나 세계무역시장에 나타나자 저임의 효과를 보려는 외국기업의 투자가 급증하면서 세계의 공장 역할을 하게 되었고, 단기간에 경제발전을 이룩하는 데 성공하였다. 경제적 자신감을 바탕으로 미국의 '아메리칸 드림'에 착안하여 만든 '중국몽'은 중화민족의 위대한 부흥'으로 정의된다고 한다. 아메리칸 드림이 민족이 아닌 개인의 인권과 자유를 바탕으로 권력에 억압받지 않는 자유로운 시장경제체제에서 번영을 누리려는 꿈을 그린 것과 대비해 볼 때 중화민족을 강조한 '중국몽'이라 는 단어는 현대적 관점에서 볼 때 뜬금없다는 생각이 든다.

현재 중국 땅에는 중화민족만 사는 것이 아니라 55개 이상의 다른 민족이 살고 있기 때문이다. 중국의 오랜 역사를 보더라도 중국내에서 중화민족이 독자적으로 세운 나라보다는 북방민족이 세운 나라가 더 많다. 그럼에도 불구하고, 굳이 '중화민족'이라는 편협한 민족주의에 기반을 둔 인종차별적 개념을 쓴 것은 중국내 다른 민족의 존재를 무시하고 있을 뿐만 아니라, 이웃 나라까지도 오랑캐로 분류하고 중심국을 자처하는 중국에 복속시키려고 했던 중국판 제국주의의 시대착오적인 부활이다. 여기에 더해서, 공산주의 종주국인 소련이 무너진 이후 공산주의의 종주국이 된 중국은 커진 경제력을 바탕으로 전 세계에 전략적으로 진출하고 있다.

최근 중국의 현대판 실크로드 사업이라는 '일대일로 사업'은 명분과는 달리 참여국을 곤경에 몰아넣고 있다. 저임에 의존한 산업을 탈피하고 미래 기술력 있는 제조업을 육성하려는 중국의 시도는 전 세계의 기술력 있는 기업을 무차별 인수하거나 기술인력을 유인하는 등 무차별적인 기술력 확보에 나서고 있다. 이 과정에서 통신사업자 '화웨이'의 백도어 사건 등 정보 유출이나 서방기술의 탈취가 중요한 쟁점으로 등장하고 있다. 한마디로 세계 경제를 위협하는 자국 이기주의의 면모를 보여주고 있다.

중국은 미국의 관대함에 힘입어 경제력을 키우는 데 어느 정도 성공하였지만, 아직은 미국에 맞설 힘은 없다는 것이 모든 사람들의 평가이다. 중국경제발전의 원조격인 등소평은 미국과 대등한 실력을 갖출 때까지 몸을 낮추고 힘을 기르는 '도광양회'를 명심하라고 하였음에도 현 중국의 지도부는 미국과 대결을 선택하였다. 미국과 대등한 실력을 갖춘 것으로 판단하였는지 또는 세계를 정복하려는 공산주의 이념에 충실하였는지 모르지만 아무튼 미국과 중국은 관세부과를 둘러싼 무역분쟁의 차원을 넘어 패권을 놓고 한 판 승부를 하게 되는 상황에 놓여있다. 중화민족만을 위한다는 중국몽은 이웃나라에는 악몽이다. 우리나라가 중국으로부터 당한 사드보복은 전형적인 중국식 제국주의의 현대적 표출이다. 최근 홍콩의 사태에서 보듯, 많은 주민들과 기업들이 홍콩이 중국화 되기 전에 탈출하려는 움직임을 보이는 것은 경제번영에 있어 자유민주주의체제의 중요성을 잘 보여주는 실례가 되고 있다. 이제는 '독장수의 꿈'이 될 가능성이 높은 중국몽에서 깨어나 자유민주주의를 기반으로 전 세계민족의 번영을 위하는 '세계몽'을 꿀 때이다.

이순신장군의 '12척의 배' [애플경제 2019.07.19]

우리나라의 역사 중 가장 극적인 구절은 아마도 조선시대 임진왜란 중 이순신 장군이 왕에게 올린 '신에게는 아직도 12척의 배가 남아있다'는 표현일 것이다. 거짓 평화에 속아 당파싸움에 열중하면서 국방력 건설을 게을리 하다가 일본군이 부산 동래에서 서울까지 불과 20일 만에 올라올 정도로 무기력한 나라였던 조선에 이순신 장군이 있었던 것은 역사의 행운이 아닐 수 없다. 이순신장군은 임진왜란이전에 당시로서는 독창적인 거북선을 건조하는 등 해군력을 확보하여 임진왜란 초기단계에서 큰 공을 세웠지만, 바로 그 공적 때문에 음해를 받아 감옥에 간 사이 후임 장군이 일본해군에 궤멸되면서 다시 복귀한다.

이순신장군이 간신히 남은 배 12척을 추슬러서 일본함대 133척과 울돌목에서 맞서 아군의 피해 없이 일본전함 31척을 격파하는 큰 승리를 거둔 것은 세계 해전사에서도 유례를 찾아보기 어려운 승리라고 한다. 이때부터 '12척의 배'는 비록 중과부적의 불리한 상황이라고 하더라도 전략과 결사항전의 정신력을 갖고 이겨내자는 자세를 강조하기 위하여 즐겨 사용되어 왔는데, 최근 한국과 일본 간의 반도체 소재 무역공방에서 이 문구가 뜬금없이 사용되어 화제가 되고 있다.

1592년부터 7년간 일본의 침략으로 시작된 임진왜란은 한중일 3개국이 참여한 동북아의 정세를 뒤흔든 대형 전쟁이다. 당시 일본은 조선을 훨씬 능가하는 경제력과 오랜 내전에서 단련된 군사력으로 중국까지 넘볼 수 있다는 자신감을 갖고 있었다. 이 전쟁을 우리는 왜구의 난동 정도로 오인하게 하는 '왜란'이라고 기록하지만, 중국은 조선지역(朝鮮之役), 즉 조선전쟁이란 뜻으로 불렀고, 일본은 명치유신을 전후해서는 '조선정벌', 그리고 2차대전후 부터는 전쟁당시의 천왕이름을 따서 임진왜란을 '분로쿠(文祿)의 역(役)'으로 부르고 있다고 한다.

전쟁이 끝난 후 전쟁을 일으킨 일본의 풍신수길 정권은 몰락하여 새로운 막부정권이 들어섰고, 조선을 지원하였던 명은 국력이 약화되면서 청에게 망하는 결과를 낳았다.

그러나 내편 네편을 가르는 당파싸움에 눈이 멀어 일본의 조선침략 경고에 대비하지 않았던 조선은 온 국토가 전쟁터가 되어 무고한 백성들이 죽고 농경지가 2/3나 사라지는 등 막대한 피해를 입었고, 심지어는 왕이 백성을 버리고 중국으로 도망가려고 하였음에도 나라가 유지되는 역설을 낳았다. 전쟁에 대한 반성을 통해 나라를 재건한다는 소명의식은 없이 청에 멸망당한 명나라를 그리워하고 명나라 대신 조선이 유가의 정통성을 갖는다는 소위 '소중화' 사상에 빠지면서 동북아의 격변하는 정세를 도외시하고 새로운 문물을 배격하면서 국가는 존립자체가 의심스러울 정도로 엉망이 되었다. 결국, 조선이라는 나라는 19세기말 세계와 교류하면서 신흥강국으로 부상한 일본의 2차 공격에 이렇다 할 반격도 하지 못한 채 무기력하게 나라를 내어주는 사태를 빚은 것을 잊지 말아야 할 것이다.

지금 한일관계는 새로운 경제전쟁이라는 국면을 맞고 있다. 작년 10월 대법원의 강제징용자 배상판결을 계기로 일본은 수차례에 걸쳐 국제법인 1965년 한일기본조약을 위반한 것으로 국가 간 신뢰를 깨는 일이며 판결이 실행될 경우 보복하겠다고 하였음에도 우리 정부의 반응이 없자 반도체의 중요 소재 부품 수출규제를 시작하였고 앞으로의 추이를 보아 확대하겠다는 것이다. 과거 임진왜란 시절에는 우리가 파견한 사절단의 의견이 엇갈렸다는 핑계를 댈 수도 있었겠지만, 지금은 일본이 분명하게 한국정부의 대책이 없으면 보복하겠다고 선언하였기 때문에 헷갈릴 일도 없다.

우리가 6.25전쟁이후 한미동맹 덕분에 그동안 안보에 대한 큰 걱정 없이 원자재를 수입가공하여 수출하는 전략으로 경제발전을 이룩할 수 있었지만, 노벨과학상을 받은 사람이 한명도 없을 정도로 기초기술이 크게 부족하여 중요한 소재 부품은 직접 개발 보다는 미국, 일본을 포함한 기술 강국에 의존하여왔다. 현대 과학기술시대의 제품은 수많은 소재와 부품이 필요하고 수많은 공정을 통하여 생산하기 때문에 어느 한 곳에 차질이 생기면 제품생산자체가 불가능하다.

그동안은 다행히도 자유로운 국제교역 환경이 유지되면서 글로벌 공급망체인을 통하여 기초 자재들이 조달되었지만 지금은 미국과 중국 간의 무역분쟁 등에서 보듯 글로벌 체인망이 깨지기 시작하고 있다. 자체 개발한다고 하나 그 사이에 제조 기업은 망할 수 도 있다. 이 틈을 보고 치밀하게 보복을 준비하여 온 일본에 대하여 무방비상태로 방치하다가 막상 일본이 행동으로 나서자 느닷없이 이순신장군의 '12척의 배' 기적을 언급하면서 국민의 반일 결사항전을 고취하고 있다. '12척의 배'의 승리는 이순신장군이 적의 전술과 지형지물을 철저히 연구하여 실행한 결과임을 명심하고 이제라도 이순신장군처럼 현실에 입각한 전술을 냉정하게 마련할 때이다.

돈키호테가 보는 한일관계 [애플경제 2019.07.31]

돈키호테는 중세 유럽의 기사시대 끝 무렵인 15세기 전후를 배경으로 기사도 소설에 심취하여 소설속의 기사처럼 되기를 열망하던 스페인의 한 광적인 인물의 모험적인 여정을 풍자와 해학으로 그려 낸 세르반테스의 대표적인 소설의 주인이다. 기사도 소설에 광적으로 심취하여 환상과 현실을 구분하는 능력이 상실된 주인공은 기사로서의 모험적인 여정을 떠나면서 부딪치는 현실을 자기 나름대로 왜곡하여 인식하고 돌출적인 행동을 일삼는다. 인간의 정신상태가 한번 왜곡되면 현실에서는 어떤 시대착오적이고 비정상적인 행태가 나타나는 지를 잘 묘사하고 있다. 중세 서유럽에서 6세기부터 나타나기 시작한 무장한 기병을 지칭하는 기사제도는 12세기부터는 자손에게 세습되는 준귀족 계층으로 발전하였으며, 과학기술의 급격한 발전으로 총이 보편적으로 사용되면서 기병의 효용성이 떨어지는 환경변화로 인하여 13세기~16세기 후반에 몰락하였다. 기사를 꿈꾸면서 기사도 소설에 빠진 돈키호테가 이러한 현실을 인정하지 않고 환상에 취한 것은 개인적인 문제이지만, 모험여정을 떠나면서 부딪치는 현실을 왜곡하여 정상적인 판단을 못하면서 보여주는 퇴행적인 행동으로 주변에 충격을 주고 있는 것은 사실 우리에게는 이미 낯선 일은 아니다.

조선시대 임진왜란 당시 일본이 월등히 앞선 경제력과 신무기로 침략준비를 하였음에도 일본이라는 실체를 애써 무시하다가 대규모 국가적 피해를 입었고, 중국에서 청이 명을 멸망시키고 패권을 잡고 있음에도 조선정부는 여전히 명을 사대하는 '소중화(小中華)'의식을 갖고 변화하는 주변정세를 제대로 보지 못하고 주전파와 주화파 간 논쟁만 벌이다가 또 다시 큰 피해를 입었다. 조선시대 말로 접어들면서는 우리보다 먼저 개항하여 경제력과 신무기를 축적한 일본군에 대하여 죽창과 농기구로 대항한 농민들의 저항이 어떤 결과로 끝났는지는 굳이 설명할 필요도 없다. 외부의 도전요인을 제대로 바라보지 못했던 조선 왕조의 무능은 결국 응전할 준비조차 못한 채 망해버렸고, 그 피해는 고스란히 국민들에게 돌아갔다.

토인비는 인류의 모든 문명은 도전과 응전의 결과로 나타나며, 한때 역할을 하였던 창조적 소수자들의 창조력이 소멸되어 대중들이 이들을 추종하지 않자 힘으로 대중을 통치하는 지배적 소수자로 전락하게 되면서 문명은 쇠퇴한다고 하였다. 이는 마치 무능한 지배적 소수자가 족벌정치를 일삼으면서 외부의 변화는 아랑곳하지 않고 백성들을 억압한 조선을 이야기하는 것 같다.

최근 벌어지고 있는 한국과 일본간의 경제전쟁에서도 현실을 정확히 꿰뚫어 보지 못하고 있는 것은 아닌지 걱정된다. 우리나라가 일본 식민지 지배 및 6.25 북한의 남침으로 인한 폐허상태에서도 경제발전을 위하여 수출입국(輸出立國)을 기치로 삼아 열심히 노력한 결과 일본과의 경제력 격차가 과거 조선시대와는 달리 3배 수준으로 축소된 것은 정말 대단한 성과임에는 틀림이 없다. 그렇지만, 우리의 주요 수출제품 생산 과정에서 필요한 원자재, 에너지 및 부품 소재 등의 상당부분은 글로벌 협력관계를 통하여 외국에서 조달하여야 한다.

특히, 일본은 우리보다 기초과학수준이 높고 산업화 기간이 길어 핵심 부품 소재 공급능력을 갖추고 있으면서 거리도 가까워 우리 경제에 중요한 파트너 역할을 해 왔다. 그동안 한국과 일본 간에 정치적인 공방은 있었지만 경제적 협력관계는 계속 유지되어 왔기 때문에 기업들은 정치적 이슈가 경제에 영향을 주리라고 생각하지 않았다. 지금 일본은 작년에 있었던 우리 대법원의 징용문제에 대한 판결에 대하여 1965년 한일협정의 근간을 흔드는 국가 간의 신뢰 문제라고 보고 우리 정부에 여러차례 불만을 제기하였음에도 우리 정부가 외교적 해결책을 내놓지 못하자 경고신호를 보낸 바 있다. 일본은 식민지 지배 청산과 관련하여 우리의 끊임없는 문제제기에 인내심을 잃은 것 같고 차제에 우리의 미래산업을 저지하려는 의도를 갖고 수출규제를 단행한 것으로 분석된다. 미국의 아시아정책을 고려하여 한국에 대한 수출규제를 미국과 사전 협의한 것 같다는 언론 보도도 나오고 있는 상태이다. 이러한 상황에서 감정적으로 대처하는 것은 오히려 상황을 악화시킬 가능성이 높은 것 같다.

일본이 계속해서 핵심 부품 공급을 중단하는 최악의 상황에 대비할 능력이 있는가? 부품 개발에 대규모 예산을 투입하겠다고 하는 데, 돈만 있으면 개발이 되는가? 기술개발인력 확보 및 경제성있는 기술개발 성공가능성은 있는가? 기술개발에 성공하더라도 그동안 환경규제를 받던 공장의 건설이 가능한가? 공장가동할 때까지 관련 산업이 버틸 수 있는가? 등 수 많은 질문에 답을 할 수 있어야 한다. 답을 낼 수 없다면 이순신 장군의 12척 배를 외치고, 거북선 횟집을 가고, 쫄지 말라고 독려한다고 해서 상황이 반전되지는 않는다. 죽창을 들라느니, 국채보상운동을 한다느니 하면서 19세기에 있었던 대응책을 21세기 첨단시대에 주장하는 것은 창을 들고 풍차로 돌진하였던 돈키호테만이 할 수 있는 일이다. 돈키호테도 죽기 직전에는 온전한 정신으로 돌아왔다고 한다.

이제라도 정부는 국민들의 반일감정을 달래고 직접 일본과 협상하는 등 반일이 아니라 일본을 능가하겠다는 극일의 전향적 자세를 취하여야 한다. 중국의 모택동도 일본의 피해보상을 받지 않겠다고 선언하였다는 사실을 기억할 필요가 있다. 아울러, 일본정부도 현대의 글로벌 공급체인을 통한 국제적 협력관계를 무시하면 결국 남 좋은 일 시킨다는 국제적 비판에 귀 기울여 문제해결에 노력해야 할 것이다.

낙랑공주의 빗나간 사랑의 결말 [애플경제 2019.08.23]

　　고려시대 김부식의 삼국사기에는 낙랑국의 딸인 낙랑공주와 이웃의 적대적인 나라의 왕자인 호동의 이야기가 있다. 낙랑국에는 적의 침입을 알려주는 북과 나팔이 있어 외부의 침략을 잘 막아내고 있었다고 한다. 호동왕자는 낙랑공주와 결혼한 이후 낙랑공주에게 북과 나팔을 부수라고 하자 낙랑공주는 사랑에 눈이 멀어 이를 실행하였다. 북과 나팔이 부서진 낙랑국은 이웃나라가 쳐들어왔는데도 알 수가 없어 망하였고, 낙랑공주는 아버지에게 죽임을 당하였다는 비극적인 이야기이다. 다른 버전에서는 호동왕자도 비극적인 죽음을 맞는다는 내용도 있다고 한다. 사람들은 남의 불행을 동정하면서인지 남이 겪은 불행한 이야기는 행복한 이야기보다 오래 기억하는 것 같다.

　　이렇게 개인의 사랑과 국가의 운명을 바꾼 이 연극 같은 이야기가 21세기 대한민국에서 재현되고 있다는 느낌을 지울 수 없다. 낙랑국이 가졌던 북과 나팔은 요즈음의 무기로 바꾸어보면 주변국의 군사동향에 대한 각종 정찰 및 정보자료 등을 수집하고 분석하여 사전에 경보를 발하는 체계를 의미하는 것으로 해석할 수 있다. 지금이나 옛날이나 상대방의 동향을 사전에 탐지하여 전쟁을 억제하거나 대비하게 하는 정보시스템은 국가안보에 매우 중요하다. 현대에서 이러한 정보능력을 제대로 갖춘 나라는 그다지 많지 않다. 인공위성, 경보기 및 정찰기, 무선통신망 및 분석인력 등에 엄청난 재원이 소요되는 까닭이다. 상당한 능력을 갖춘 미국도 일본의 정보수집능력을 높이 평가하면서 많이 의존하고 있는 점을 볼 때 더욱 그렇다. 그래서, 많은 나라들이 군사정보교류에 노력하고 있다. 중국과 러시아 등 전통적인 사회주의 군사강국도 상당기간 군사력 건설에 투자하면서 상당한 수준이다. 우리나라를 둘러싼 나라들이 상당한 수준의 능력을 갖고 있는 반면, 북한의 핵과 미사일 위협에 노출되어 있는 우리나라의 독자적인 정보수집능력은 부족하다는 평가이다.

북한이 과거 수차례 한 핵실험 관련정보를 우리 독자적으로는 제대로 파악하지 못하였다고 하며, 최근 북한이 수차례에 걸쳐서 쏜 미사일의 정체를 즉시 파악하지 못하여 미상의 발사체라고 발표하다가 나중에 미국이나 일본의 자료협조를 받아서 확정 발표하였다. 우리는 현대전의 가장 중요한 영역인 정보 능력이 부족한 상태임을 나타낸 것으로 자칫 나라의 생존이 위협받을 수 있음을 의미하며, 우리가 미국이나 일본 더 나아가 정보를 제공할 능력이 있는 나라들과 과감하게 정보를 교류할 필요가 있음을 시사하고 있다.

적의 위협에 대응하는 능력이 떨어져 국가의 생존이 위협받는 상태라면 우리가 애써 만들어놓은 재산이 보호될 수 없다. 다행히도 우리나라는 미국과의 한미동맹과 일본과의 군사정보보호협정(일명 지소미아)으로 정보협력체계를 구축하면서 우리의 부족한 능력을 보완하고 있다. 그런데, 뜻밖에도 이러한 협력체계를 우리 스스로 부수는 시도가 일어났다. 정보수집 능력을 다양하게 보완하는 노력을 해나가야 하는 우리가 한일군사정보보호협정을 더 이상 연장하지 않겠다고 선언하였다. 한일군사정보보호협정은 체결당시 과거 한일관계 때문에 상당한 진통을 겪고 나서 체결된 협정으로 정보수집능력이 부족한 우리에게 상당한 도움이 될 뿐만 아니라 한미일동맹을 연결하는 고리 역할을 하는 것으로 평가되고 있다. 비록, 최근한일간 무역분쟁이 있다고 해서, 이를 빌미로 안보의 기틀을 허물 수는 없다. 빈대 잡으려고 초가삼간을 태우려는 격이다.

그럼에도 낙랑국의 자명고처럼 북한의 핵과 미사일 위협을 미리 파악하고 대비하게 하는 역할을 할 수 있는 이 협정을 더 이상 지속하지 않으려는 이유는 무엇인가? 이 협정의 파기로 한미동맹이 위협을 받는 다면 한미동맹의 기반위에서 발전해 온 우리의 경제기반은 흔들릴 수 밖에 없다. 경제위기를 스스로 자초하는 자해(自害)로 귀결될 수 있는 상황이다.

낙랑공주는 사랑 때문에 나라를 지키던 자명고를 찢었다고 하는데, 현대판 낙랑공주는 누구를 사랑해서 이러한 일을 하는 지 궁금하지 않을 수 없다. 혹시, 사랑하는 인물이 최근 무한한 탐욕이 탄로 난 '사회주의와 자본주의를 두루 섭렵한 융복합인재'인 지 아니면 북쪽에서 우리에게 열심히 막말을 하면서 미국과 북한사이에 끼지 말라고 협박하고 있는 자인지는 모르겠으나, 최소한 우리를 사랑하는 인물은 아닌 것 같다.

우리 내부의 정치적 이해관계에 따라 우리를 위협하는 외부의 적의 움직임을 파악하는 일을 소홀히 한다면 외적에게 대문을 열어 놓는 꼴이다. 나라의 운명을 조금도 생각하지 않고 정치적인 이해관계만 따지는 무책임한 인물 때문에 나라가 망가진 모습이 다시금 재현되지 않기를 소망한다. 나라가 생존한 후에야 경제도 있고 사랑도 있는 것은 너무나 당연하다.

우리의 소원은 통일? [서울신문 2015.12.30]

우리나라가 1945년 분단된 이래 남북한이 공동으로 아리랑 못지 않게 즐겨 부르는 노래는 아마도 '우리의 소원은 통일'일 것이다. 통일에 대한 국민적 여망을 담은 이 노래가 북한에 전파된 이후 남북한 사람들이 만나는 모임에서뿐만 아니라 북한 사람들만의 모임에서도 애창되는 단골 메뉴가 되면서 그야말로 국민노래로 승격된 느낌이다.

이 노래가 끈질긴 생명력을 유지하는 것은 분단된 지 벌써 70년이 넘었지만 역사적, 문화적으로 단일민족이라는 의식이 확고하기 때문일 것이다. 이제 전 세계 유일한 분단국이면서 남북이 군사적으로 대치하고 있는 우리나라가 분단을 극복한다면 우리뿐만 아니라 분쟁으로 고통을 겪고 있는 지구촌에 평화의 기운을 가져오는 일대 역사적 사건이 될 것이다.

그러나 통일은 아직 '꿈에도 소원은 통일'이라는 가사처럼 꿈의 단계에 머물러 있다. 제2차 세계대전 이후 같은 분단국이었던 독일은 비록 이러한 노래는 없었지만 통일을 이룬 지 벌써 20년이 넘었고 이제는 통일 초기의 혼란을 극복해 유럽의 대국, 나아가 세계 대국으로서의 위치를 확고하게 다졌다.

한반도의 통일을 염원하는 많은 사람들은 이러한 과정을 부러운 마음으로 지켜보았다. 독일 사람들은 통일이 갑자기 찾아왔다고 하지만, 그래도 기회가 왔을 때 홈런을 친 것 아닌가. 독일 통일처럼 천재일우의 기회가 찾아왔을 때 그 기회를 놓치지 않는 역량을 축해 놓아야 한다. 마침 독일의 앞선 경험을 활용할 수 있는 것도 무척 다행한 일이 아닐 수 없다.

돌이켜보면 우리의 선조가 한반도에 정착하면서부터 대륙을 활보하던 기상은 점차 사라진 것 같다. 국제정세의 변화에 대한 전략적 대응보다는 반도라는 좁은 무대에서 내부 정치에 몰두한 결과 수많은 외세의 침입에 대처하지 못했고, 결국 식민지로 전락했다.

해방 후 아직도 그 후유증을 완전히 치유하지 못하고 있다. 남한은 대륙과의 연결 통로가 단절되면서 사실상 고립무원의 섬나라 처지가 됐다. 다행히 단기간에 극복하고 경제대국으로 자리매김할 수 있었던 것은 수출입국의 기치를 내건 선견지명의 정책이 있었고, 묻혀 있던 기마민족의 기질이 살아나면서 바다를 건너 전 세계로 뛸 수 있었던 덕택이라고 생각한다.

반면 북한은 전 세계에서 가장 가난한 나라로 전락했다. 남북한 간 소득격차가 너무 커져 통일 부담의 확대를 우려해 통일에 유보적인 자세를 갖는 사람들이 늘어났다. 그러나 독일의 예로 볼 때 통일의 편익이 부담을 훨씬 능가할 것이다.

최근 우리 경제는 오랫동안 유지해 오던 산업이 경쟁력을 잃고 새로운 투자나 산업창출이 지연되는 등 활력이 크게 떨어지고 있다. 제2의 돌파구가 필요한 시점에서 남북 통일이 획기적인 계기가 됨은 분명하다. 통일한국이 대륙과 해양세력의 접점에서 나름의 역할을 하면서 우리의 지정학적인 이점을 살리는 막대한 투자가 활성화되면 우리 경제는 새로운 장을 맞게 된다.

더구나 북한 지역의 경제개발로 그동안 억제됐던 출산율이 올라가면 남북한 인구규모는 현재의 8,000만명보다 훨씬 많아지고, 인근 지역에 대한 흡인력까지 고려한다면 내수시장 규모가 크게 확대될 것이다. 내수활성화를 통해 경제의 체질을 바꾸고 새로운 산업을 창출해 재도약을 할 수 있는 발판을 마련한다면 서민층의 삶도 회복되는 희망이 생길 것이다.

최근 북한의 시장경제가 점차 활성화되면서 경제가 다소 나아지고 있다고 한다. 북한의 경제 발전은 주민들의 생활 향상은 물론이고 차후 통일 비용도 절감시키는 효과가 있다. 통일의 기운이 점점 다가오고 있는 현시점에서 통일 이후 취해야 할 구체적인 과제들을 점검해 나갈 필요가 있다.

경제적, 군사적 측면도 중요하지만 오랫동안 단절돼 다른 정치체제에 살던 사람들이 자칫 소외감을 느끼지 않도록 배려하는 정책이 우선돼야 한다. 차제에 우리 내부의 분열상도 통일해 나가는 진정한 통합적 리더십이 발휘돼야 할 것이다. 새해에는 '꿈에도 소원은 통일'이라는 가사처럼 통일의 꿈이 현실로 나타나는 한 해가 되기를 간절히 소망한다.

벽이 허물어져야 하는 시대 [서울신문 2012.04.16]

최근 몇년 새 우리나라에서 개최되는 국제행사가 많아 감회가 덜하겠지만, 건국 이래 가장 감동적으로 다가온 국제행사는 뭐니뭐니해도 '88서울올림픽'일 것이다.

대회 이념인 '화합과 전진'을 잘 표현한 공식 주제가의 후렴구 "손에 손잡고 벽을 넘어서…"가 특히 기억에 남는다. 아마 올림픽 이듬해에 베를린 장벽이 붕괴되고 독일이 통일을 이뤄 마치 그 노랫말이 예지력을 발휘한 듯해 가슴에 더 와 닿지 않았나 싶다.

무너진 베를린 장벽은 독일 통일의 표상이기도 하지만, 지난 세기를 지배했던 시대착오적인 유물이 사라지고 있음을 극명하게 보여줬다. 20세기는 높든 낮든 물리적이고 인위적인 수많은 장벽으로 꽉 막혀 있던 시대였다. 베를린 장벽, 철의 장막, 죽의 장막을 비롯해 우리 국토의 허리를 가르는 휴전선 등 동서냉전을 상징하는 여러 가지 장벽이 개인 간, 나라 간 소통을 불가능하게 했다.

대한민국을 지구상 유일한 분단국가로 만들고 있는 휴전선만 사라지면 세상을 가르는 모든 벽은 사라지게 되는 셈이다. 최근 북한의 로켓 발사로 남북 간 긴장이 여전하지만 언젠가는 올림픽 주제가가 '예견'한 것처럼 휴전선이 사라지는 날을 꿈꿔 본다.

물리적 장벽은 아니지만 일상생활에서 휴전선만큼 우리를 가르는 높고 두꺼운 벽을 맞닥뜨릴 때가 많다. 출신지역, 학력, 성별, 지위, 신분 등으로 사람과 조직을 구분짓게 만드는 편견들이 여전히 사회를 분열시키고 있어 안타깝다. 지난 4 · 11 총선에서도 지역주의의 망령을 제거하지 못해 유감이 아닐 수 없다.

그러나 절망스럽지는 않다. 최근 들어 부쩍 우리 주변에서 이러한 벽을 무너뜨릴 조짐이 보이기 때문이다. 인터넷의 발달로 인한 다양한 소셜네트워크서비스(SNS)의 출현으로 개인 간 정보 유통량이 증가됨에 따라 사회 구석구석에 존재하고 있는 폐쇄성이 급격히 약화되고 있다.

경제활동의 영토 또한 정보통신과 교통의 발달로 전 세계로 넓어지고 있다. 이제 과거처럼 경쟁력이 떨어지는 경제주체를 감싸주던 국경, 지역별 관행, 법적 환경 등의 보호막이 지금도 기능하리라고 생각하는 것은 순진한 기대이다.

정치 · 경제 · 사회의 각 부문에서 폐쇄성을 극복하고, 경쟁력을 갖추려는 노력을 지속적으로 펼쳐야 한다. 그러지 않고 오히려 기득권에 의지하고 이를 더 강화하고자 한다면, 국가 발전이 저하됨은 물론 생존마저 불투명해질 수도 있다.

우리는 대외교역을 통해 여러 국가, 기업과 치열하게 다투며 제조업의 경쟁력을 당당히 세계 최고 수준으로 올려놓는 데 성공했다. 자유무역협정(FTA) 체결이 유럽연합(EU), 미국 등을 넘어 더욱 확산되면 정치·경제·사회 등 전 분야가 세계와의 직접 경쟁에 노출될 것이고 경쟁은 더욱 치열해질 것이다.

시대 상황이 이런데도 교육, 의료 등 공공서비스, 연구·개발(R&D) 등 일부 부문에서는 여전히 물리적인 개념의 국경이 자신들을 보호해 줄 것이라고 여기는 경향이 있는 것 같다. 외부로부터의 자극을 수용하지 않고 안주한다면 고립을 자초해 결국 경쟁력 상실이라는 쓰라린 결과를 맛보게 될 뿐이다. 육지와 멀리 떨어져 독자적으로 진화한 고유의 생태계를 형성했던 갈라파고스 제도의 여러 생물종들이 외래종의 유입으로 멸종 위기를 맞고 있는 것처럼, 전문가들은 한때 세계를 석권했던 일본의 전자산업이 세계시장에서 외면받고 있는 것 또한 자국시장에만 안주했던 탓으로 설명한다.

21세기는 모든 벽이 허물어진 시기로 기록될 것이다. 아무리 벽을 높이 쌓는다 해도 변화의 바람을 막지 못한다. 그 흐름을 억지로 방해한다 하더라도 벽은 결국 무너지게 돼 있다. 벽 뒤에 쪼그리고 앉아 '설마 그런 일이 있을까.' 하는 안일한 생각에 젖어 있다면 역사에서 뒤처질 수밖에 없다.

| 저자가 직접 소개하는 장 영 철 |

··· 저자가 직접 소개하는 장 영 철!

저는 경상북도 영주에서 출생하여 어린 시절에 서울로 올라왔습니다. 영주에는 큰 아버님이 살고 계셨고, 큰 아버님 생전에는 설날에 중앙선을 타고 영주에 가서 세배를 드린 기억이 납니다. 큰 아버님이 돌아가신 후 큰 댁 식구들은 서울, 대구, 영천, 포항, 영덕으로 제각각 자리를 잡고 살고 있습니다.

저는 서울에 올라와 대부분을 노량진에서 살았습니다. 한강이 가까워 여름에는 자주 수영하러 다니면서 얼굴이 새까맣게 타곤 했습니다. 지금도 까만 편이기는 하지만요!

중고등학교는 노량진에서 거리가 먼 대광 중 · 고등학교를 다녔습니다. 대광학교는 이름 그대로 큰 빛을 세상에 비추자는 뜻을 갖고 있는 학교로 당시 영락교회 한경직 목사님이 이사장으로 계셨던 학교입니다. 이후 대학교 입학시험에 떨어지면서 조금 고생 좀 했습니다. 어린 나이에 마음고생하면서 인생이 참 어렵다는 생각을 하지 않을 수 없었습니다. 어쨌든 천신만고 끝에 서울대학교 사회계열로 들어가는 데 성공했습니다. 당시 사회계열에는 경영학과, 경제학과, 법학과, 정치학과 등 사회과학 계열 학과가 포함되어 있었는 데 저는 경영자가 되는 게 꿈이여서 경영학과를 지망하였습니다. 대학교를 다녀보니 당시 박정희 대통령의 유신정권 시절이라 학교에 데모도 많고 해서 별 재미를 못 붙였습니다. 나중에 경영자가 되려는 마음이 있어서 경영학과에 진학하였지만 사장이 되기 전에 공무원을 하는 것도 좋다는 생각이 들어 행정고시 공부를 하였습니다. 시험과목에 헌법, 행정법, 경제학 등의 필수과목이 있었고 2개를 선택하는 과목이 있어 회계학과 상법을 선택하였습니다. 대학 입학할 때 떨어진 경험을 다시는 되풀이 하고 싶지 않아서 나름대로 열심히 공부했는데 떨어졌습니다. 참 황당하더군요.

할 수 없이 다시 공부해서 1980년에 제24회 행정고시에 합격하는 데 성공했습니다.

1981년 4월에 행정사무관 시보로 임용되면서 공무원 생활을 시작하였습니다. 재무부, 재정경제원, 기획예산처, 기획재정부 등 여러 부처 같지만 사실은 거의 성격이 같은 부처입니다. 그런데, 재무부에 발령이 나서 갔더니 놀랍게도 저와 경영학과 동기 2명과 같이 발령을 받게 되었습니다. 학교 다닐 때 친목모임으로 「우거지」라는 모임을 만들었는 데 같이 발령 받은 3명 모두 그 모임의 멤버라는 사실이 놀라웠습니다. 그중에 한명에게 이 책의 격려사를 써달라고 부탁해서 앞에 실어 놓았습니다.

이후 저는 재무부, 재정경제원, 기획예산처, 기획재정부 등에 근무하면서 예산, 국고, 공공정책, 국제금융 등의 분야에서 경력을 쌓았습니다.

1999년 정부의 직제개편으로 신설된 기획 및 예산을 담당하는 기획예산처에서 과장급으로 감사법무담당관, 복지노동예산과장, 재정개혁1과장으로 법무, 예산, 재정개혁, 공공기관관리정책을 담당하였습니다. 국장급으로는 기획예산처 대변인 및 홍보관리관, 2008년 정부의 직제개편으로 발족한 기획재정부에서는 공공정책국장으로 재직하면서 공기업개혁 작업을 지휘하였습니다. 과장, 국장급으로 승진할 때마다 다른 기관이나 해외에 파견을 나가는 관행에 따라 과장급 시절에는 전라남도 도청 경제협력관, 국무총리실 수질개선기획단에 파견되어 근무하였고 노무현 정부때 국장급으로 승진하여서는 국가과학기술자문회의 국장, 국방부 계획예산관으로 파견 근무하면서 다양한 경력을 쌓았습니다.

기획재정부 공공정책국장을 지낸 후에는 대통령직속 미래기획위원회 미래기획단장으로 영전되었습니다. 당시 대통령직속 위원회가 몇 개 있었는데 기획재정부에서 같이 국장을 하던 동기들 몇몇이 각 위원회 실무단장으로 발령이 나서 자주 어울렸던 기억이 납니다. 대통령 직속 미래기획위원회 미래기획단장을 역임한 후에는 29년 반의 공직을 명예퇴직하고, 공기업인 한국자산관리공사(캠코) 사장으로 임용되어 2010년부터 2013년까지 3년 동안 근무하였습니다.

대학 입학할 때 경영자가 되려고 경영학과에 입학하였다가 중간에 공무원으로 진로를 바꾸는 바람에 경영자는 저와 인연이 없을 것으로 생각하였습니다. 그런데 공무원 임명 29년6개월만에 공기업 사장으로 가게 되었으니 참 묘한 운명을 느낍니다. 아무튼 어릴 적부터 사장한번 해 보아야지 했던 소망이 이루어졌으니 정말 경영 능력을 발휘해 보아야겠다고 생각하였습니다. 결과는 어땠느냐고요?

공무원으로 한 일도 제법 많아 먼저 설명드린 후 이 글 후반부에 자세히 설명드리겠습니다.

사장 퇴임 이후에는 숭실대학교 초빙교수, 중부대 객원교수로 재직하였고 공직의 경험을 살려 은행 등의 금융회사가 파산 등의 사유로 예금을 지급할 수 없는 상황에 대처하기 위한 예금보험제도를 운영하는 예금보험위원회의 위원, 그리고 공공기관의 운영에 관한 법률에 따라 기획재정부에 설치된 공공기관관리위원회의 위원을 역임하였습니다. 현재는 숭실대학교대학원 안보공익경영학과 초빙교수로 있으면서 2018년부터 국회의장자문기구인 국회혁신자문위원, 재단법인 여의도연구원 이사로 활동하고 있고, 경제신문의 칼럼니스트로 활동하고 있습니다. 최근에는 우리나라 정계의 원로이신 박찬종 변호사께서 시작하신 유튜브 '박찬종TV'에서 '장영철의 경제직언(經濟直言)'을 맡고 있습니다.

너무 길게 설명드린 것 같은 데 간단히 요약한다면 공무원 시절에는 정책기획, 재정, 금융 등의 분야에 주로 근무하였고, 대통령직속 미래기획위원회, 총리실, 국방부, 국가과학기술자문회의, 전라남도도청 등 다양한 기관에 파견되어 경력을 쌓을 수 있었던 행운을 가진 사람이라고 하겠습니다. 자연스럽게 국가 운영 전반에 걸친 다양한 경험을 하게 되었습니다. 더구나, 공직을 마무리한 후에는 금융 부실채권을 정리하고 국가재산을 관리하는 한국자산관리공사의 사장을 하게 되면서 공직에서의 다양한 경험을 십분 활용하는 기회가 되었습니다.

업무와 학업을 병행하여 미국 밴더빌트 대학원에서 경제학 석사 학위를 받았고, 중앙대학교에서 경영학 박사 학위를 받았습니다.

저는 공직에서의 성과를 인정받아 여러차례 표창을 받았습니다. 주요한 상으로는 공무원 시절 2002년 대통령 표창, 2008년 홍조근정훈장, 그리고 사장 시절에는 2011년과 2013년 한국을 빛낸 창조경영대상, 2012년에는 다산금융상을 수상한 바 있고, 2019년에는 도전 한국인상도 받았습니다.

그러면, 제가 공직생활에서 경험하고 느낀점을 소개하려고 합니다.

　저는 성격이 비교적 원만하고 사람들과 사귀는 것을 좋아하는 편이며, 다른 사람들의 의견을 잘 듣고 입장을 충분히 이해하려고 노력합니다. 또, 한번 사귀면 비교적 오랫동안 교우관계를 유지하고 있습니다. 그래서인지 오랫동안 친분을 유지하고 있는 사람이 많은 편입니다.

　일을 할 때는 단순히 열심히 하는 것도 중요하지만, 왜 이 일을 하여야하는지 의미를 부여하여야 성과를 내려는 의지가 생길 수 있다고 생각합니다. 주변 환경이 끊임없이 변화하고 있으므로 이러한 변화의 흐름을 면밀하게 파악하여 일의 방향과 목표를 올바르게 설정하고 이를 효율적으로 달성하기 위한 방안을 강구하는 것이 중요합니다. 이를 위하여 조직 내부 구성원의 의견은 물론, 외부의 전문가 및 이해관계자들의 의견도 충분히 수렴하여야 내부 구성원들의 능력을 최대한 발휘시킬 수 있는 동력을 확보하게 되고, 아울러 수요자인 고객의 피드백을 반영하여 집행계획을 시장의 흐름에 맞도록 수시로 조정해 나감으로써 좋은 성과를 낼 수 있다고 봅니다. 사람마다 각각 걸어 온 길이 다를 것입니다만 제가 공직을 수행하면서 특별히 기억에 남는 경험을 소개하고 싶습니다.

첫 번째로는
우리나라가 추진한 북방외교에 참여한 경험입니다.

북방외교는 우리와 이념 때문에 단절되어 있던 북방대륙을 향한 전진이었고 우리나라에 새로운 지평을 열어주는 역사적 사건이고, 이때 아니면 경험할 수 없는 일입니다. 우리나라가 사회주의 동구권 국가 중 헝가리와 최초로 1989년에 수교하였고 이후 체코, 폴란드 등 동구권국가들, 이어서 사회주의 종주국인 소련, 중국과 수교를 하였습니다. 저는 이때 마침 재무부 국제금융국에서 미수교국에 대한 해외투자 허가를 담당하고 있어 이러한 북방외교 추진과정에 참여하게 된 것입니다.

외교관계 수립 협상 실무과정에서 경제분야를 담당하게 되어 현장에도 여러차례 다녀 온 저는 당시 사회주의경제체제가 경쟁력을 잃고 몰락하는 과정을 지켜보게 되었습니다. 자본주의 시장경제의 모순을 극복하는 대안인 것처럼 내세웠던 사회주의 계획경제가 실제 운영을 해보니 자원을 낭비하고 경제를 망치는 시스템이었음을 현장에서 목격하게 된 것입니다. 그때 깨달은 것은 개인의 경제활동의 자유를 보장하고 경제활동의 결과물인 소득을 자기 것으로 가질 수 있게 하는 사유재산권의 보장이야 말로 사람들이 경제를 움직이는 동력이며, 이를 무시하면 결국 경제가 망가지더라 하는 것입니다. 우리나라는 자유시장경제체제를 바탕으로 경제발전을 성공적으로 이끈 나라이므로 국가가 과도하게 경제에 개입하여 개인의 경제활동의 자유를 억압하고, 민간의 활력을 저해시킬 경우 오히려 경제를 망칠 수 있다는 교훈을 얻게 된 것입니다.

현재 문재인 정부가 시장에 과도하게 개입하여 가격 결정과정에 참견하는 것은 국민의 경제활동 자유를 침해하는 각종 반시장정책이고 궁극적으로는 우리 경제를 망가뜨릴 위험이 있다고 비판하게 되는 기반이 된 것입니다. 시장경제체제의 운영과정에서 여러가지 비합리적인 점들이 나타나고 있다고 해서 시장의 자율기능을 무시하고 국가가 과도하게 개입하는 것은 경제를 망친 사회주의 국가들의 전철을 밟는 것이라는 점을 우려하는 것입니다.

두 번째로는
지방자치단체에서 근무하게 된 경험입니다.

저는 1996년 과장급으로 승진하여 전라남도 도청에 경제협력관으로 파견되었습니다. 중앙정부와 지방정부간의 협력과 교류를 증진하여 지방의 현실을 중앙정부가 이해하여 정책의 수준을 향상시키겠다는 정부의 뜻도 있었기 때문입니다. 평소 중앙정부에서만 일하던 저는 낯선 곳인 전라남도 도청에서 일하게 되면서 지방정부의 입장을 중앙정부에 전달하여 정책에 반영케 하는 연결 역할을 수행하게 되었습니다. 사업에 대한 예산 필요성에 대하여도 도의 입장을 예산당국에 잘 전달하려고 노력하였습니다.

저로서는 전라남도 근무가 중앙정부의 정책이 일선 지방행정에서 어떻게 실행되고 있는 지 경험할 수 있는 좋은 기회였다고 생각합니다. 저는 지방정부인 전라남도와 중앙정부가 서로 협력하면 정책수립과 집행이 조화되어 시너지효과가 나타날 것이고 국가를 위해서도 좋은 일이라는 신념으로 노력하였습니다. 당시 도지사이셨던 허경만 지사님께서는 이 지역 출신이 아님에도 더 지역을 위하여 노력한다고 저를 자주 격려하셨습니다. 20여년이 지난 지금도 가끔 뵙곤 합니다. 당시 저를 뒷받침해주시던 예산계장은 영전을 거듭하여 지금은 민선 광양시장으로 시민들을 위하여 봉사하고 계십니다. 낯선 지역이지만 진정성을 갖고 일하다 보면 성과를 낼 수 있다는 평범한 사실을 확인하는 계기가 되었습니다. 도에서도 제 후임자들의 경우 출신지역을 크게 따지지 않기로 하였다고 하니 나름대로 도의 인재 선발 폭을 넓히는데 기여한 것 같다는 생각이 듭니다.

세 번째로는
복지와 노동 관련예산을 담당하면서 우리나라에서
점점 중요성이 높아지는 복지 분야와 노동 분야의
정책 전반에 대한 식견을 쌓을 수 있었습니다.

어느 때이던지 국가는 국민의 생활을 안정시키기 위하여 노력을 많이 하여야 합니다. 역사적으로도 국가는 흉작이 들거나 전염병이 도는 등 국민이 어려움을 당할 때 보호에 나섰습니다. 경제가 발전되면서 소외되는 사람이 점점 늘어나고 있고, 경제위기가 반복되면서 사업의 실패 등으로 자력으로 살아가기 어려운 사람들이 급격히 늘어나고 있어 이들의 기초적인 생활을 보장해주는 것은 이제 국가의 의무로까지 승격되고 있습니다. 다만, 국가의 재원에 한계가 있어 무한정 복지를 늘리기는 현실적으로 어렵고, 한편으로는 국가가 주는 복지에만 의존하면서 일 하지 않으려는 의식이 확산될 경우 사회의 정상적인 발전에 지장을 초래할 수도 있어 균형을 맞추는 것이 절대적으로 필요합니다.

현대의 복지정책은 남에게 의존하는 데에서 탈출하려는 자활적, 생산적 복지 정책에 중점을 두고 일 할 수 있는 능력이 있는 사람은 일을 할 수 있도록 만들어주려는 것입니다. 가장 훌륭하고 바람직한 복지는 국가가 제공하는 복지에 의존하기 보다는 자기 힘으로 일하여 얻는 소득으로 살아가는 것이므로 일할 능력이 있는 사람은 일할 수 있도록 해주는 것이 중요합니다. 따라서 근로능력을 향상시키는 교육, 훈련은 '낚시하는 법'을 길러주는 것이며, 훈련을 받은 사람들이 취업할 수 있도록 노동의 수요와 공급을 잘 연결해주는 제도적 지원 장치를 마련해나가는 것이 필요하다는 점을 인식하게 된 것이 큰 성과라고 하겠습니다.

이러한 경험이 훗날 한국자산관리공사 사장 시절 공사가 각종 경제위기과정에서 인수한 금융부실채권을 안고 있는 개인 채무자가 2백만명이 넘는다는 사실에 놀라 이들을 위한 서민금융 추진에 노력하는 계기가 되었습니다.

한편으로는 재원의 한계로 인하여 중산층이 활용할 수 있는 시설이 매우 부족함을 감안, 중산층을 대상으로 하는 복지시설확충에도 관심을 가지고 재원이 허락하는 한 세금을 성실하게 내는 중산층에 대하여 지속적으로 배려하는 것이 보답이라는 생각을 하였습니다.

또한, 호스피스 사업, 만성병환자나 노인환자들에 대한 방문간호 사업 등을 새로 지원하면서 해당가족들의 부담이나 불편함을 해소하는 노력을 하였고, 암환자가 급증하는 현실에서 국가가 건립한 국립 암센터를 암센터의 메카가 되도록 본격적으로 지원한 것도 보람있는 일이었습니다.

네 번째로는
기획재정부 공공정책국장으로 근무하면서
공공기관 개혁을 추진한 경험입니다.

국민의 세금이나 부담금으로 운영되는 공공기관이 성과를 내지 못하면 결국 국민의 부담으로 귀결될 수 밖에 없기 때문에, 정부는 국민을 대신하여 공공기관의 경영을 감독하여 적정한 임금과 복지수준을 체크하고 사업의 성과를 평가하여야 하는 과제를 안고 있습니다. 이들 공공기관이 당초 설립된 취지로 잘 운영되고 있는 지 등을 점검하여 성과를 제고하기 위한 기능의 재조정, 조직의 합리적 재편 등을 추진하게 됩니다. 또한, 공공기관으로서의 기능보다는 민간 시장에

맡기는 것이 보다 효율적이라고 판단될 때에는 민간에의 매각 등 민영화를 추진하게 되는 것입니다.

이러한 일들은 관리대상 공공기관의 수가 300여개나 되기 때문에 이해관계가 걸려 있는 이해당사자인 수 많은 공공기관들과 이들 기관의 노동조합이 제기하는 사항에 대하여 검토하여야 할 뿐 아니라 언론, 국회 등의 다양한 비판에도 귀를 기울여야 하는 매우 어려운 일입니다. 정책형성과 추진과정에서 이해관계가 걸려있는 수 많은 관계자들과 꾸준히 대화하고 의견조정을 하여야 하는 정치적 과정을 거쳐야 하는 데 저는 이렇게 어려운 일을 성공적으로 마무리하여 공공기관 관리의 틀을 마련하였다고 평가를 받았고 공무원으로서의 최고 영예인 홍조근정훈장을 받게 되었습니다. 이는 평소에 남의 이야기를 신중하게 잘 듣고 해결책을 찾아내려는 성향이 한 몫 한 것 같습니다. 이해관계를 조정하는 것은 매우 어려운 일이지만 대화를 통하여 합리적인 방안을 찾아내도록 노력한 것이 좋은 평가를 받았던 것 같습니다.

다섯번째로
국방부 예산국장인 계획예산관으로 파견 간 경험은
국가 안보에 대한 식견을 높이는 매우 귀중한 경험이었습니다.

평소에 군과 접촉할 기회가 별반 없던 사람이지만 국방대학교안보과정에서 1년간 교육받았으니 국방부에 기여하고 오라는 본부의 명을 받아 국방부로 파견가서 국방예산 편성과 집행을 담당하게 되었습니다.

개인적으로는 영광이었고, 계획예산관실의 과장, 사무관 등의 직원들과 각 군에서 파견 나온 중령들과 단합하여 각 군이 필요하는 예산을 최대한 반영하려고 노력하였습니다.

국가안보가 모든 국가적 과제 중에서 가장 기본이 되는 것은 예나 지금이나 너무도 당연합니다. 우리가 열심히 노력하여 잘 살게 되면서 아무리 재산을 많이 쌓아놓았다고 하더라도 외적이 침입하여 방어를 못하면 그동안 열심히 쌓아 놓았던 재산을 단번에 빼앗기게 됩니다.

비록 국방력을 운영하고 유지하는 비용이 만만치 않아 일부에서는 이를 강하게 비판하고 있지만 나라를 빼앗겼을 때 입게 될 피해를 생각해보면 불가피한 일입니다. 우리나라 역사를 보면 미리 미리 대비를 하지 않아 중국, 일본, 몽골 등의 북방민족들의 무수한 침략을 막아 내지 못하여 엄청난 물적 인적 피해를 입었습니다. 근세에 들어와서는 일본제국주의의 식민지로 전락하여 고난을 겪었고 식민지에서 해방된 이후에는 같은 민족이지만 이념을 달리하는 북한의 남침으로 6.25를 겪으면서 수 많은 사람들이 죽게 되었고, 허약했던 경제적 기초마저도 아예 붕괴되는 경험까지 겪었던 것은 우리의 방어 능력이 부족했던 탓이 아닌가 생각합니다.

따라서, 외적이건 같은 민족이건 간에 우리를 침입해오는 자들에 면밀히 대비하여 국민을 보호하는 일은 국가가 반드시 우선적으로 하여야 하는 중요한 국가적 책무입니다. 다만, 방대한 국방예산을 효율적으로 활용하는 방안은 계속 강구해나갈 필요가 있다는 점은 피부로 느낄 수 있었습니다. 민간경제가 발전함에 따라 우리나라의 국방영역 중 민간을 활용할 수 있는 영역이 제법 늘어나고 있어 민간과 협력하여 일정 영역을 산업화하는 데 성공한다면 국방 재원이 보다 생산적으로 쓰여 질 수 있는 가능성을 확인하였고, 이 점은 훗날 대통령직속 미래기획위원회 미래기획단장으로 근무하면서 민간기업주도의 국방산업 창출 가능성을 연구하는 계기가 되었습니다.

끝으로,
대통령직속미래기획위원회 미래기획단장으로
근무하면서 우리나라의 미래에 대하여
여러 측면에서 검토하고 방안을 마련해 보았습니다.

정부 유관부처, KDI등 관련 연구기관 등과 협력하여 우리나라가 앞으로 처할 환경을 연구하고 우리가 나아가야 할 방향을 모색하는 것은 국가적으로도 의미가 있는 일입니다. 당시, 주요 과제는 우리나라의 미래 경제 사회 환경 전망, 신성장동력산업 및 국방산업 등 새로운 산업의 창출, 저출산 대비, 우리나라에 미치는 남북통일의 효과, 중산서민층 육성 등의 과제이었습니다. 특히, 국방산업의 창출을 위하여 이스라엘 국방부를 방문하게 되었는 데, 당시 이스라엘 국방부 연구개발국장이 자기가 미국에서 고국에 봉사하려고 귀국하는 바람에 미국에서 큰 부자가 될 기회를 놓쳤지만 (미국에 남은 자기 친구들은 모두 엄청난 부자가 되었다고 함) 그다지 후회는 없다고 한 말이 계속 기억이 납니다. 말로만 듣던 유태인들의 나라사랑 정신을 알게 되면서, 이스라엘이 엄청난 안보 위협 속에서도 잘 지탱하고 있는 이유를 이해하게 되었습니다.

미래기획단장 자격으로 이스라엘 국방부 방문시

최근, 문재인 정부에서 사라진 화두가 '미래'라고 합니다. 사람들은 현 정부에서 끊임없이 과거를 뒤엎으려는 행태를 보고 미래는 아예 생각도 못하거나 어두울 수 밖에 없다고 생각하는 것 같습니다.

그러나, 오늘날의 경제적 성공을 가져온 주요한 요인은 당시의 국가 지도자들이 국민들에게 '잘 살아 보세', '우리는 할 수 있다'는 미래를 향한 희망과 비전을 고취시켜 우리 민족의 잠재 능력을 경제발전의 동력으로 이끌어 낸 데 있다고 생각합니다.

그렇지만 한편으로는 경제 성공의 그늘도 있음을 부인할 수 없습니다. 경제적으로는 분명 형편이 좋아졌음에도 정치, 경제, 사회적 갈등은 더욱 커지고 해결은 되지않는 일들이 지속되면서 우리의 미래를 불안하게 생각하는 사람들이 크게 늘어나고 있습니다. 국가 전체의 미래를 조망하고 비전을 제시하면서 국민들을 이끌어나가고 갈등을 해결하는 역할은 누군가는 하여야 하는 일입니다.

당시 대통령직속 미래기획위원회는 우리나라의 미래를 기획하고 설계하는 역할을 맡았습니다. 우리나라를 재도약시키는 방안을 만들기 위하여 학계, 산업계 등과 협력하였습니다. 미래에 나타날 수 있는 기회와 위협요인을 정리하여 기회는 살리고 위협은 대비하는 정책을 구상하였습니다. 개인적으로도 이러한 국가적인 정책을 마련하고 추진해가는 과정에 참여하여 역량을 키워나갈 수 있게 된 데 대하여 늘 감사하게 생각하고 있습니다.

▌한국자산관리공사(캠코) 시절의 장영철

앞부분에 말씀드린 것처럼 경영학과 출신인 저는 드디어 30년간의 공무원 생활을 마치고 공기업인 한국자산관리공사(캠코)사장으로 2010년 부임하였습니다. 드디어 경영자가 된 것입니다. 공기업은 정부의 정책을 현장에서 집행하는 성격을 갖고 있는 기관이므로 정부와는 업무의 성격에 차이가 있는 데, 한국자산관리공사는 금융기관의 부실채권을 정리하기 위하여 설립된 공기업으로서 주요주주는 국가가 대주주이고 은행들이 주주입니다.

부실채권정리기금의 최종 마무리

제가 사장으로 부임할 당시에는 IMF경제위기로 발생된 대규모 부실채권이 어느 정도 정리되어 가고 있던 시점이었습니다. 다만 2008년 미국에서 시작된 글로벌 금융위기로 세계경제가 불안한 상태이어서 위기가 재발할지도 모른다는 두려움이 팽배해 있던 혼란의 시기였습니다. 또한 위기 발생 이후 세계 각국이 기존 시스템의 한계점을 인식하고, 근본적인 변화와 새로운 패러다임에 대한 모색을 적극적으로 추진하고 있던 시기였습니다.

캠코는 1997년 IMF 경제위기로 촉발된 대규모 금융부실채권을 정리하여 위기를 극복하라는 임무를 부여받아 이를 성공적으로 완수하였습니다. 1997년 11월 정부는 신설된 부실채권정리기금에 공적자금을 39.2조 원을 투입하였습니다. 캠코는 제가 캠코사장으로 재직중이던 2013년 2월까지 15년간 관리하였습니다. 저를 비롯한 역대 캠코 사장과 직원들의 노력으로 투입된 공적자금 크게 초과하는 48.1조원을 회수하였습니다. 이는 세계 공적자금 투입사에 유례가 없는 성과를 이룬것입니다. 부실채권정리기금을 결산하는 일은 우리경제의 역사적인 한 장면 이었는데, 이 일을 제가 맡게 된 것입니다. 이때 아니면 할 수 없는 일 이었습니다.

이후에는 세계적 금융위기의 여파로 한국경제의 최대 불안요인으로 떠오른 저축은행 부실 PF사업채권 인수에 6.2조 원을 투입하여 정상화하는 노력을 기울였습니다.

캠코의 미래경영비전 마련

저는 사장으로서 IMF경제위기와 아직 진행되고 있는 금융위기의 후유증을 극복하는 국가적 과제를 완수하기 위하여 캠코의 경영비전을 새롭게 마련하였습니다. 캠코의 위기관리 경험을 살려 국가경제 미래의 위기를 선제적으로 막아내는 '경제의 방파제' 이자 경제흐름을 선순환시키는 기관 즉 인체로 비유하면 노폐물을 걸러주는 신장과 같은 역할을 캠코의 미래 역할로 규정하고, 이에 대한 대책 마련에 전념하였습니다.

이를 위하여는 위기발발의 징후를 파악하고 이에 선제적으로 대응할 수 있는 능력을 배양하여야 한다는 판단 아래 '미래에 대한 준비'와 '표준의 창출'에 가장 중점을 두었습니다. '미래'는 캠코의 향후 발전 방향성을 결정하는 것이고, '표준창출'로 '주도권과 해석권'을 갖게 되므로 캠코는 업무 노하우를 활용하는 국가자산관리의 콘텐츠를 주도할 수 있기 때문입니다.

미래 준비에 대한 필요성을 다른 사람보다 더 잘 이해하게 된 것은 제가 대통령직속 미래기획위원회의 미래기획단장으로서 미래관련 정책 업무를 해보았기 때문입니다. '미래를 예견하는 가장 좋은 방법은 미래를 만들어가는 것(The best way to predict the future is to create it.)'이라는 피터 드러커(Peter F. Drucker)의 주장처럼 캠코의 미래상을 '국가자산 종합관리기관'으로 설정하고, 추진 전략과 과제로 국가자산의 실태파악, 잠재적 자산관리 대상을 북한지역으로 확대, 지적재산권 등으로의 국가자산의 개념 확장, 금융공기업간의 협업을 통한 정책효율성 제고 등 새로운 개념을 제시하고 이를 실행하는 과제를 구체화하기 위하여 노력하였습니다.

특히 세부 추진과제였던 '금융공기업 부실채권정리 일원화 방안', '신용회복기관 역할 재정립' 등은 추후 신보, 기보, 중진공 부실채권

의 일원화, 국민행복기금의 설립 등으로 구체화되어 국가경제의 중
요한 정책으로 실현되었습니다.

국가자산관리의 지적자산을 글로벌 표준으로 추진

우리나라가 겪었던 IMF경제위기 과정에서 처음해보는 어려운 일
이 많았음에도 과거의 관행에 매이지 않고 새롭게 대두된 환경변화에
적절히 대응하여 신속한 의사결정을 내리는 등 캠코가 보여준 국가경
제 위기 극복 사례는 전세계적인 표준임에 틀림이 없었기 때문에 저
는 캠코가 위기극복 과정에서 축적한 노하우를 적극적으로 지적자산
화하고 글로벌 표준으로 부각시키는 데 많은 노력을 기울였습니다.

그 첫 출발로 2012년에 아시아개발은행(ADB)과 베트남 정부와
협력하여 하노이에서 공동컨퍼런스를 개최하였습니다. 베트남 재무
부 장관을 비롯한 각국의 주요 인사들이 참석한 가운데 캠코의 금융
위기 극복에 대한 경험과 지식을 아시아 및 신흥경제국의 경제안정에
도움이 되도록 공유하는 장이 되도록 하였습니다.

베트남 재무장관 및 ADB 이사 면담

이러한 경험을 전수받기를 희망한 몽골 중앙은행과도 컨설팅 MOU를 체결하였습니다.

2013년에는 이러한 모임을 더욱 발전시켜 아시아개발은행과 공동으로 국제공공자산관리(IPAF)포럼을 설립하고 첫 회의를 서울에서 개최하였습니다.

포럼 개막 및 슈뢰더 전 총리와 대담

중국, 베트남, 태국, 미얀마, 카자흐스탄 등의 국가들과 캠코의 구조조정 경험을 공유하고 위기 대처 방안을 논의한 회의에서 개막연설 인사로 초빙된 독일의 슈뢰더 전 총리는 현재의 독일을 만드는데 결정적으로 기여한 개혁 경험을 전수하였습니다. 슈뢰더 총리는 노동

개혁의 경험담을 설명하면서 시간제 일자리 확대가 오히려 고용을 촉진한다는 경험을 강조하였습니다.

"시간制 일자리 확대는 효율적인 고용 촉진 방안"

슈뢰더 前 독일 총리
장영철 캠코 사장과 대담

게르하르트 슈뢰더 前 독일 총리는 28일 서울 하얏트호텔에서 본지와 주최 대담에서 장영철 한국자산관리공사(캠코) 사장과의 대담에서 "시간제 일자리 확대는 고용 촉진을 위한 효율적인 대안 중 하나"라고 말했다. 시간제 일자리는 박근혜 대통령이 고용률을 높이려는 대안 중 하나로 꼽으면서 최근 논란의 대상이 되고 있다. 이에 대해 슈뢰더 前 총리는 "독일은 한때 두 자릿수를 넘나들던 실업률이 최근 5% 내외로 안정되고 있는데, 그 비결은 슈뢰더 총리의 시간제 일자리 확대였다"고 밝혔다. 복지 확대에 대해선 "지속 가능한지 여부가 가장 중요하다"며 "그렇지 않은 부분은 개혁을 해야 하고, 그 과정에서 재임 기간 유지를 포기하더라도 반드시 필요하다"고 말했다.

기업들이 '미니잡' 만들도록 세금 인센티브 주며 유도
靑 청년 실업을 절반으로 줄여

복지 확대에 가장 중요한 건
그게 지속 가능한지 여부

장영철 "한국 정부는 고용률을 70%로 끌어올리기 위해 많은 노력을 하고 있다. 이를 위해 캠코도 저소득층 등을 대상으로 취업 지원을 실시하고 있다."

슈뢰더 "독일을 보면 10%를 넘던 실업률을 최근 5% 내외로 떨어뜨린 게 바로 '미니 잡(mini job)'이라고 불리는 일자리인데, 월급여가 400유로 미만이지만 일자리인데, 일자리 질의 문제로 비판을 받지 않았나."

장영철 "현재 한국의 복지를 얼마나 늘려야 하는지를 놓고 많은 논쟁이 이뤄지고 있다. 당신은 정권 기간 중에 과감히 사민당 출신이면서도 복지를 많이 축소했는데, 실직한 지 1년 넘은 사람들의 실업수당을 삭감하고 노령연금 지급 연령을 65세에서 67세로 높인 것이 대표적이다."

슈뢰더 "국가가 계속 발전하려면 지속적으로 개혁을 해야 한다. 복지 정책에서 가장 중요한 판단 기준은 지속 가능성이다. 이를 기준으로 계속 개혁을 했기에 지금의 독일이 있는 것이다."

슈뢰더 "고통스러운 결정을 내리는 시점과 그 성과가 나타나기 시작하는

(조선일보, 2013. 5. 30)

캠코가 인수한 부실채권의 채무자 상당수가 빚을 전액 갚을 형편이 아님을 보고, 저는 이들이 빚의 굴레에서 벗어나 경제활동을 재개하는 것이 개인적이나 국가적으로도 큰 의미가 있다는 판단 하에 이들의 빚 부담을 경감시키고 일자리를 알선하여 재기를 도와주고 상환

능력을 높이는 서민금융을 적극적으로 추진하였습니다. 특히, 이들 채무 불이행자가 전국에 걸쳐있으므로 지방자치단체와의 협력은 필수적인 것으로 보아 전국의 지방자치단체와 연계하여 서민금융을 적극 확대하는 노력을 하게 되었고, 이 과정에서 전국의 지방자치단체의 시장, 도지사들과 서민금융추진 협력 네트워크를 구축하여 채무자들의 사회복귀를 적극 지원하였습니다.

이러한 서민금융 추진과정에서 캠코의 모든 업무가 결국 사회공헌 활동의 일환이라고 볼 수 있다는 판단 아래 사회공헌 활동 브랜드인 '희망 리플레이'를 선포하였습니다. 생활에 어려움을 겪고 있는 금융소외계층과 서민들의 삶의 희망을 다시 보고(REPLAY), 인생에 재도전(REPLAY)한다는 의미에 따른 것입니다. 또한 도시와 농촌을 연결하는 1사 1촌 사업도 자생력을 키워주는 방향으로 노력하면서 언론의 조명을 받기도 하였습니다.

저는 오랜 공직 생활을 하였지만 항상 부드러움을 바탕으로 내공 있게 일을 처리하는 스타일로 언론에서도 여러 가지 별칭이 붙었습니다. 부실기업과 가계가 스스로 일어설 수 있게 도와 준다는 측면에서 재활공장장, 국가재정의 든든한 버팀목이라는 측면에서 파수꾼 등인데, 한국경제신문에서 작명한 트랜스포머를 가장 좋아 하였습니다. 이는 미래 경영환경 변화에 능동적으로 변신하여야 하는 한국자산관리공사 수장으로서의 면모가 가장 잘 드러났기 때문입니다.

캠코의 위기대응 업무 경험을 학계, 업계에서 활용하도록 '캠코 성공모델'과 위기극복역사를 담은 '캠코 히스토리'라는 책을 발간하였습니다. 발간사에 캠코의 역사를 잘 설명하고 있어 인용합니다.

▌한국경제신문의 트랜스포머

일러스트 = 조영남기자
jopen@hankyung.com

'캠코히스토리' 발간사(2013년 10월)

　　대한민국은 세계적으로 유래가 없는 고속 경제성장 국가다. 전쟁으로 폐허가 된 땅덩어리 위에 집을 짓고, 빌딩을 올리고, 다리를 놓고, 터널을 뚫어 종전 50년만에 후진국에서 개발도상국으로, 다시 선진국 대열에 오르기까지 뛰어난 두뇌와 성실함이라는 자본을 통해 눈부신 경제적 성장을 이룬 놀라운 대한민국 격동의 50년, 캠코도 그 변혁의 무대 한가운데에서 조직을 세우고 현재에 이르렀다.

　　캠코의 역사는 한마디로 '대한민국 경제위기 극복사' 라고 할 수 있다. 우리 민족은 분단의 아픔을 뒤로 하고, 1970년부터 근대화를 시작하면서 경이적인 경제발전을 이룩했다. 1988년 서울올림픽 유치로 전 세계를 놀라게 한 우리는, 2010년 G20 정상회의 개최까지, 기적이라고 밖에 설명할 수 없는 눈부신 경제성장을 이뤄왔다.

　　부침도 심했다. 끊임없이 발전일로를 달릴 것만 같았던 대한민국은 1997년 IMF 외환위기, 2003년 신용카드 대란, 2008년 글로벌 금융위기를 겪으며, 소용돌이치는 경제위기 속에 내동댕이쳐졌다. 그러나 시련은 우리에게 또 다른 도전의 기회를 주었다. 캠코는 경제위기라는 전장의 최선봉에 서서 나라를 구하기 위해 사투를 벌였다. 그렇게 한 고비, 한 고비 넘기며 캠코는 단련되고 힘을 키워갔다. 변하지 않는다는 것은 도태를 의미한다.

캠코의 대한민국 경제위기 극복 노하우는 한마디로 '변화와 혁신'이었다. 경제와 시장이라는 끊임없이 움직이는 유기체를 다루는 우리의 자세는, 늘 깨어 변화에 앞장서고 철저하게 미래를 대비하는 것이었다. 캠코는 여러번의 경제위기에 직면하면서도 흔들림 없는 국가경제의 든든한 버팀목이 되어왔고, 이제는 서민의 가계안정과 국민경제의 선순환을 약속하는 노력들을 준비하고 있다.

이 책을 통해 1997년 외환위기를 시작으로 현재까지 격변의 시기를 거쳐오면서 캠코가 성장하고 발전해온 발자취를 추적해 보았다. 특히 오늘의 캠코를 이끈, 당시 경영 최일선에 섰던 CEO들의 경영전략과 리더십을 통해 캠코의 미래를 그려보고자 했다.

역사의 위인들이 경세제민의 실천으로 가치를 창조했던 것처럼, 캠코는 '캠코정신'을 동력으로 미래의 변화를 맞이하고자 한다.

'변화와 혁신'의 발걸음을 지속해온 캠코의 성장발전사는 이제 '국가경제의 안전판'이라는 역사적 책무를 통해 새로운 100년을 향하여 진일보 해 나가리라 확신한다.

2013년 10월 캠코 사장 **장 영 철**

부실채권정리기금은
한국 경제사에 큰 지평

김민형 기자 서울경제 • 장영철 한국자산관리공사 사장

서울경제　　　　2012년 11월 22일 목요일
　　　　　　　　　A10면 경제 금융

부실채권정리기금은
한국 경제사에 큰 지평

15년 운용 마치고 역사 속으로

"부실채권정리기금은 한국 경제사에 큰 획을 그었습니다."

장영철(사진) 한국자산관리공사(캠코) 사장은 21일 서울경제신문과의 전화통화에서 캠코가 운영해오다 22일로 법정 운용기한이 끝나는 부실채권정리기금에 대해 이같이 평가했다.

장 사장은 "기금은 예상하지 못한 쓰나미가 전국가를 덮쳤을 때 방패로 작동해 파고를 막아냈다"며 "금융회사의 건전성을 높이고 기업의 회생을 돕고 가계의 고통을 덜어주는 역할을 톡톡히 해냈다"고 말했다.

부실채권정리기금은 지난 1997년 외환위기 당시 위기를 맞은 금융회사와 기업을 살리기 위한 '구원투수'로 등장했다. 정부는 39조2,000억원을 투입해 180여개 금융회사로부터 111조6,000억원 규모의 부실채권을 인수했다. 이후 매각 등을 통해 최종적으로 46조7,000억원을 회수, 7조5,000억원의 흑자를 남겼다. 투자금액 대비 회수율은 119%로 통상 50~60%에 불과한 다른 국가의 회수율에 비해 월등히 우수한 성적을 남겼다.

장 사장은 그 비결로 적기 주식전환→구조조정→핵심가치 상승→매각성공으로 이어진 '운용의 묘'를 꼽았다. 장 사장은 "상당한 위험이 있음에도 불구하고 채권을 주식으로 전환해 기업의 구조조정을 성공적으로 이끌어냈다"며 "핵심역량이 오히려 강화되면서 기업의 가치가 높아져 공적자금 투입 대비 높은 회수율을 기록할 수 있었다"고 분석했다.

실제 캠코는 대우종합기계·대우인터내셔널·동아건설·교보생명·쌍용양회 등은 지분 매각을 통해 공적자금 회수 극대화와 기업정상화를 동시에 달성했다. 대우인터내셔널은 포스코에 3조4,000억원에 매각해 6배에 가까운 581%의 회수율을 기록했고 동아건설은 법원의 회생인가를 전제로 사전 인수합병(M&A) 추진 이후 법원회생절차에 편입하는 방식을 국내 최초로 시도해 364%의 회수율을 달성했다.

/김민형기자 kmh204@sed.co.kr

15년 운용 마치고 역사 속으로

"부실채권정리기금은 한국경제사에 큰 획을 그었습니다."

장영철 한국자산관리공사(캠코) 사장은 21일 서울경제신문과의 전화통화에서 캠코가 운영해오다 22일로 법정 운용기한이 끝나는 부실채권정리기금에 대해 이같이 평가했다.

장 사장은 "기금은 예상하지 못한 쓰나미가 전국가를 덮쳤을 때 방패로 작동해 파고를 막아냈다"며 "금융회사의 건전성을 높이고 기업의 회생을 돕고 가계의 고통을 덜어주는 역할을 톡톡히 해냈다"고 말했다. 부실채권정리기금은 지난 1997년 외환위기 당시 위기를 맞은 금융회사와 기업을 살리기 위한 '구원투수'로 등장했다. 정부는 39조2,000억 원을 투입해 180여개 금융회사로부터 111조 6,000억원 규모의 부실채권을 인수했다. 이후 매각 등을 통해 최종적으로 46조 7,000억원을 회수, 7조5,000억 원의 흑자를 남겼다. 투자금액 대비 회수율은 119%로 통상 5~60%에 불과한 다른 국가의 회수율에 비해 월등히 우수한 성적을 남겼다.

장 사장은 그 비결로 적기 주식전환 → 구조조정 → 핵심가치 상승 → 매각성공으로 이어진 '운용의 묘'를 꼽았다. 장 사장은 "상당한 위험이 있음에도 불구하고 채권을 주식으로 전환해 기업의 구조조정을 성공적으로 이끌어냈다"며 "핵심역량이 오히려 강화되면서 기업의 가치가 높아져 공적자금 투입 대비 높은 회수율을 기록할 수 있었다"고 분석했다.

실제 캠코는 대우종합기계, 대우인터내셔널, 동아건설, 교보생명, 쌍용양회 등은 지분 매각을 통해 공적자금 회수 극대화와 기업정상화를 동시에 달성했다. 대우인터내셔널은 포스코에 3조 4,000억원에 매각해 6배에 가까운 581%의 회수율을 기록했고 동아건설은 법원의 회생인가를 전제로 사전 인수합병(M&A) 추진 이후 법원회생절차에 편입하는 방식을 국내 최초로 시도해 364%의 회수율을 달성했다.

하지만 아직 청산하지 못한 부실채권도 남아 있다. 대우일렉트로닉스는 동부그룹이 우선협상대상자로 선정돼 내년 초 매각이 성사될 것이 유력하지만 쌍용건설과 대우조선해양은 결국 매각에 성공하지 못했다.

장 사장은 "기금에 투입된 공적자금은 이미 모두 회수했기 때문에 대우조선, 쌍용건설 매각은 대승적인 차원에서 봤으면 한다"며 "두 회사의 지분은 국가의 자산인 만큼 다소 시간이 걸리더라도 더 좋은 가격을 받을 수 있는 시점에 파는 것이 맞다"고 말했다.

공공개혁 선봉장서 공기업 CEO로 변신…
성과주의 착근 시켜

(서경이 만난 사람 中에서)

장영철 사장은 장영철 자산관리공사(캠코) 사장의 최근 변신은 말 그대로 '드라마'다. 장 사장은 지난 2008년 기획재정부 공공정책국 장으로 이명박 정부가 출범 직후부터 야심차게 추진한 공공 부문 개혁의 선봉에 섰다. 공기업 통폐합과 민영화, 공공 부문 인력 및 예산 감축 등 구조조정을 최대한 잡음 없이, 그러면서도 강단 있게 실행해 홍조근정훈장에 추서됐다. 공공기관에 관한 한 최고의 '갑'이던 그가 이제는 한 공기업의 일원이자 대표로 공기업 종사자들과 애환을 함께 나누고 있다. 공격수에서 수비수로 바뀌었지만 장 사장은 공격수 시절 체험한 수비수의 문제점을 잊지 않고 개선하는 데 앞장서고 있다. 그는 "공공기관은 특유의 신분안정에 비해 일할 때 걸리는 게 많아 직원들이 적극적으로 일하지 않으려 한다"며 "경쟁에 노출되지도 않기 때문에 경영이 방만해지기 십상"이라고 지적했다. 이 같은 문제의식과 개혁의지를 살려 장 사장은 캠코에 부임해 금융공기업 최초로 전 직원 성과연봉제를 도입했다. 정부의 권고안을 훨씬 뛰어넘으며 그는 공기업이 빠뜨리기 쉬운 '성과주의'의 씨앗을 드넓게 뿌렸다. 원칙과 소신을 지키면서도 장 사장이 공기업 CEO로 단시일에 위상을 확립한 것은 탁월한 업무능력과 유연함이 뒷받침 됐기 때문이다. 그의 좌우명은 '역지사지(易地思之)'의 정신에서 출발한 '남을 이해하고 도움이 되도록 한다'이다. 문제점을 해결하거나 개선할 때 장 사장은 결코 수직적으로 '지시'하지 않고 태스크포스(TF)나 실무부서가 최대한 많은 토의를 거치도록 한다. 수천명 이상의 생활이 걸린 공공개혁을 해당 공기업도 고개를 끄덕일 만큼 무난하게 마무리했던 '소통'의 경험이 경영철학에 고스란히 녹아들어 있다. 안팎에서 공공 부문의 겉과 속을 들여다본 전문가가 됐지만 장 사장은 경제기획원(EPB) 출신의 대표적 '기획통'이다. 기획예산처 복지노동예산과장 시절 재정안정과 복지확대의 두 마리 토끼를 잡는 묘안을 짜 재정개혁으로 연결시켰고 국방부 계획예산관을 맡아 국방예산 효율화를 진두지휘하기도 했다. 특히 2009년 대통령 직속 미래기획위원회 추진단장으로 한국의 30년 후 미래를 대비한 '국가미래비전 2040'을 수립하는 데 중추적 역할을 했다. 앞을 내다보는 '통찰력'이 무엇보다 중요한 '기획'의 달인답게 그는 공무원 시절부터 스마트폰은 물론 태블릿PC 등을 능숙하게 다뤄 트위터 팔로어가 가장 많은 공공 부문 유명인 중 한 명으로 인터넷에서 꼽힐 정도다.

2차 공기업 선진화 방안 발표,
그 내용을 들어본다

YTN FM '강성옥의 출발 새아침' • 장영철 기획재정부 공공정책국장

강성옥 앵커 (이하 앵커) : 정부가 지난 11일 공기업 선진화 1차 방안을 발표한데 이어 어제 2차 방안을 내놨죠. 41개 공공기관이 대상이었던 1차에 이어 이번에도 40개에 달하는 공공기관이 통합되거나 문을 닫게 됐고 결론적으로 79개 기관과 기업의 구조 조정안이 확정이 됐는데요. 기획재정부 장영철 공공정책국장과 함께 이야기 나누겠습니다. 안녕하십니까?

☎ 기획재정부 장영철 공공정책국장 (이하 장영철) : 네, 안녕하세요.

앵 커 : 이번 2차 공기업 선진화 방안은 어떤 점에 주안점을 두었습니까?

☎ 장영철 : 이번 2차 방안에서는 유사, 중복 기능이 있는 기관 간의 통합을 중심으로 40개 공공기업의 선진화 방안을 마련했습니다.

앵 커 : 이번 선진화 방안으로 상당한 인원감축이 예상되는데요. 어느 정도로 예측하고 또 어떤 대책을 세우고 있습니까?

☎ 장영철 : 이런 조정이 필요하다고 판단하지만 세부적인 방안은 통합추진위원회가 구성돼서 논의한 후 확정될 것 같습니다.

앵 커 : 통합추진위원회는 어떻게 구성됩니까?

☎ 장영철 : 양 통합 대상 기관 간 위원회를 설치해서 서로 통합 기관을 어떤 방향으로 만들 것인가, 그런 설계를 합니다. 그래서 그 과정에 주무부처와 우리 기획재정부와 협의하게 됩니다.

앵 커 : 상당히 잡음도 많고, 논란이 될 것 같은데요. 정부 차원에서 구체적인 지침을 마련했습니까?

☎ 장영철 : 그동안 주무부처와 긴밀하게 협의해 왔고요. 그래서 그런 기본 방향에 따라 충분히 협의, 조정이 될 것 같습니다.

앵 커 : 또 한 가지 민감한 문제가 통합 대상에 오른 29개 기관 가운데 당초 10개 기관이 지방이전대상인데요. 이들 기관의 지방 이전

사업은 모두 중단될 수밖에 없는 상황이죠?

☎ 장영철 : 그렇진 않고요. 일단 지방 이전 문제는 균형발전위원회와 대상 기관의 주무부처 그리고 기획재정부 간 긴밀한 협의를 통해서 정합니다.

앵 커 : 통합 이후에 어디로 이전할지를 두고 상당히 논란이 불가피한데요. 어떤 대책을 세우고 있습니까?

☎ 장영철 : 그래도 전반적으로 국가 경영 효율화를 위한 선진화 방안에서 서로 원활한 상태가 될 것으로 기대합니다.

앵 커 : 상식적으로 보면 통합이 예정된 기관을 지방으로 이전 할 수는 없죠? 통합이 마무리 된 이후에나 이전하는 게 맞는 얘기 아닙니까?

☎ 장영철 : 아무래도 그렇죠. 그런데 지방 이전 대상 기관들은 2011년 이후에 이전하게 됩니다. 그래서 아직 시간적 여유는 충분히 있고요. 그 안에 충분한 합리적인 결론이 날 것입니다.

앵 커 : 정부가 인천국제공항에 이어 한국공항공사가 보유한 14개 국내공항 중 한곳에서 많으면 세 곳 정도를 민영화할 방침인데요. 경영권 전체를 넘기는 겁니까, 아니면 지분의 일부를 넘기는 겁니까?

☎ 장영철 : 해당 공항에 대한 경영권을 매각하는 것입니다. 대개 공항에 대해서는 다소 오해가 있는데 이번 기회에 말씀 드리면 (활주로 같은) 공항의 시설물은 민영화 대상이 아닙니다. 국가 재산이기 때문에 그 부분에 대해서 민영화 할 수는 없는 것이고요. 공항의 운영이 효율적으로 될 수 있게 민영화 하는 것이기 때문에 민간 경영 전문가들이 참여할 수 있는 부분이 있을 거라고 판단합니다. 그리고 한 개에서 세 개로 말씀드린 것은 경영 개선 차원에서 민간의 경영 활력을 도입해서 서로 경쟁하는 구도를 만들어주면 경영이 효율화 되지 않겠냐는 측면을 고려했던 것입니다. 공항의 경우 공기업 경영구조개선 및 민영화에 관한 법률이 있습니다. 이 법률에서 인천국제공항은 1999년에, 한국공항공사는 2002년에 이미 민영화하기로 지정된 기관입니다. 그래서 법에 지정된 것에 따라 구체적인 방안을 마련한 겁니다.

앵 커 : 구체적으로 제주 국제공항과 청주 공항이 거론되더군요.

☎ 장영철 : 특정 공항을 확정한 바는 없고요. 29일에 공항 관련 토론회가 있습니다. 거기서 합리적인 방안이 제시될 수 있도록 관련 전문가들의 의견 개진을 기대하고 있습니다.

앵 커 : 토론회에서는 전반적인 민영화의 큰 틀과 계획에 대해 얘기하나요?

☎ 장영철 : 그렇습니다. 지방 공항의 경우는 어느 공항이 적합한지도 관련 전문가들의 의견을 들을 수 있길 기대합니다.

앵 커 : 정부 쪽에서도 이런 민영화 계획을 세우면서 내심 염두에 두고 있는 대상지들이 있을 텐데요?

☎ 장영철 : 다양한 옵션을 검토한 건 사실입니다. 그러나 이것은 전 국민의 중지를 모아야 될 일이라고 판단해서 토론회를 통해 전문가들과 논의 하는 것이 좋겠다고 생각했습니다.

앵 커 : 전기.가스.수도는 민영화, 통폐합 대상에서 빠졌는데요. 특히 상수도의 경우 한나라당에서 반대하면서 문제가 좀 꼬인 것 같은데 완전히 백지화 된 건가요?

☎ 장영철 : 그 부분에 대해 약간의 설명이 필요합니다. 논란이 됐던 부분은 지방 상수도 부분인데요. 지방자치단체가 보유하고 있는 지방 상수도를 민간 위탁하자는 취지에서 검토된 것이고요. 선진화 방안하고는 기본적으로 관계가 없는 일입니다.

앵 커 : 어떤 측면에서 그런 거죠?

☎ 장영철 : 지방 상수도는 지방자치단체가 보유하고 있습니다. 그래서 이번 대상에서는 제외돼 있습니다. 기획재정부가 마련한 선진화 방안에는 포함이 되지 않았구요. 별개로 얘기했습니다.

앵 커 : 직접적으로는 환경부에서 추진하는 특정 부처의 일이지 기획재정부에서 하는 공기업 선진화 계획은 아니기 때문에 오늘 말씀하시기는 부적절하다는 말씀이시죠?

☎ 장영철 : 그렇습니다.

앵 커 : 전기와 가스 문제는 어떻게 생각하십니까?

☎ 장영철 : 6월에 당정 협의를 거쳐서 발표된 내용입니다. 전기, 가스, 수도, 의료 보험에 대해서는 민영화를 하지 않겠다고 공표했고요. 그 방침은 계속 유효하게 지켜지고 있습니다. 기본적으로 에너지 시대가 왔기 때문에 그 부분에 대한 효율화 방안이 더 관심을 갖고 있습니다. 지난번 당정 협의에서 얘기된 바와 같이 요금 부분이 국제 유가가 오르면서 그런 여파가 오지 않았나 하는 얘기가 많이 있었고, 경영 효율화를 위해서 요금인상률을 흡수하는 것이 국민의 부담

을 경감 시켜주는 일이라고 판단이 됐기 때문에 그런 이점은 계속 견지하고 있습니다.

앵 커 : 향후 공기업 선진화 계획의 일정과 추진계획은 어떻습니까?

☎ 장영철 : 1차, 2차 대상 기관은 발표했구요. 앞으로 3차가 예정돼있습니다. 3차는 부처 간 협의가 완료되는 대로 9월 초나 중순에 발표할 예정입니다.

앵 커 : 몇 개 기업이나 기관이 대상이 될까요?

☎ 장영철 : 잠정적으로는 20여개 기관이 되지 않을까 예상되고요. 어제 공공기관 운영위원회에서 공공기관에 대한 경영 효율화 지침을 의결했습니다. 공기업 선진화 추진 방안에 포함된 방안입니다만, 앞으로 경영 효율화 지침을 통해서 공기업의 경영 효율화 방안이 무엇인지 주무부처와 긴밀하게 협의해서 연말까지 방안을 강구할 계획입니다.

앵 커 : 그럼 큰 틀에서 공기업 구조 조정과 선진화 계획은 1, 2,

3차 계획으로 일단락 되는 건가요?

☎ 장영철 : 일단은 그렇고요. 경영효율화는 사실 모든 공공기관을 대상으로 하는 것입니다. 그리고 경영 효율화를 마련하게 된 배경은 결국 공공기관의 운영 재원이 국민의 부담으로 돌아가기 때문에 국민의 부담을 경감하는 방안이 없겠는가? 두 번째는 공기업 선진화가 우리 사회 선진화를 위한 공공부문의 시스템 개선 작업이하고 볼 수 있습니다. 그래서 그 시스템 개선을 어떻게 원활히 하고 경영을 효율화 할 것인가? 이런 관점에서 검토할 필요가 있기 때문에 전체적인 공공 부문 혁신이나 개선 과제는 경영 효율화까지 포함된다고 말씀드릴 수 있습니다.

앵 커 : 현재 선진화 계획과 선진화 대상이 된 공기업과 공공기관이 모두 몇 개죠?

☎ 장영철 : 올 해 1월 기준으로 305개입니다. 그리고 공적자금 투입 기관 14개가 더 추가되서 319 곳입니다.

앵 커 : 올 해 초만 해도 청와대와 여당에서 공기업 선진화는 이 전체 해당 공공기관과 공기업 전체를 민영화 한다는 각오로 시작한다 그랬는데 1, 2차 79개 기관이고 9월 중에 발표할 3차 구조조정 대상

공공기관은 20여개 정도라고 말씀하셨는데요. 결국 최대 99개 공공기관과 기업이 민영화 내지는 통폐합 되는 것으로 공기업 선진화 계획이 일단락되는 건데요. 결과적으로 보면 청와대하고 여당 쪽에서 공언했던 것과는 달리 1/3 수준에서 민영화가 마무리 되는 것 아니냐고 볼 수도 있겠네요?

☎ 장영철 : 그 부분에 대해서 저희는 생각이 다릅니다. 어떤 기관을 전체적으로 민영화 통폐합 기능 조정, 굉장히 중요한 부분이구요. 그 외에 공공기관으로 불가피하게 유지돼야 할 부분들이 있습니다. 이 부분에 대한 경영 효율화가 또 그 무엇보다 중요하거든요.

앵 커 : 단순히 숫자로만 비교하는 것은 문제가 있다는 말씀이시네요?

☎ 장영철 : 기관의 성격을 면밀하게 파악해야 될 거 같습니다. 민간으로 돌려줄 수 있는 것은 민간으로 돌려주고 그렇지 않으면 당초 설립 목적이 제대로 이뤄질 수 있도록 기능을 조정하고 효율화 방안을 찾아야 된다고 봅니다.

앵 커 : 알겠습니다. 오늘 말씀 잘 들었습니다.

☎ 장영철 : 네, 고맙습니다.

앵 커 : 지금까지 기획재정부 장영철 공공정책국장과 함께 이야기 나눴습니다.

장영철의 경제 直言

발 행 일 ┃ 2020년 1월 8일

지 은 이 ┃ 장영철

발 행 처 ┃ 도서출판 위

주　　소 ┃ 경기도 파주시 광인사길 115(문발동 507-8), 위빌딩 2층

전　　화 ┃ 031-955-5117~8

팩　　스 ┃ 031-955-5120

ISBN 979-11-86861-09-7